홍콩 명품아울렛으로 떠나는
1박3일 홍콩 자유여행

HONG KONG LUXURY SHOPPING

홍콩 명품아울렛으로 떠나는

1박 3일
홍콩
자유여행

이영호 지음

(주)고려원북스

여자 혼자서도 편안하게
1박 3일 홍콩으로 떠나는 명품 쇼핑

HONG KONG LUXURY SHOPPING

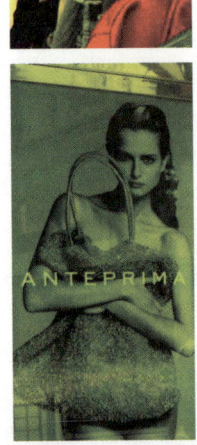

홍콩 명품아울렛으로 떠나는
1박3일 홍콩 자유여행

CONTENTS

여 자 혼 자 라 도 좋 다

나는 패션디자이너다. 안 가본 시장이 별로 없고, 허름한 시장에서 명품 못지않은 물건을 귀신같이 찾아내는 남다른 안목도 물론 있다. 패션의 최신트렌드와 역사를 환히 꿰고 있듯, 스타일리시한 옷이나 패션소품들이 머물고 흘러다니는 통로도 알고 있다. 한마디로 패션디자이너들은 쇼핑의 귀재이기도 하다. 그런 내가 아이폰 하나 들고, 직접 1박3일 홍콩여행을 다녀왔다.

016　PROLOGUE　1박 3일 홍콩으로 떠나는 명품아울렛쇼핑

ONE 서울 출발하기

039　미리 알아두기 | 홍콩의 역사

탑승 준비

042　**여권**
042　여권의 뜻
043　여권 만드는 곳
043　여권발급신청서 작성방법
044　여권 만들기 과정
045　여권 사진
045　여권 만드는 비용
046　BEST INFORMATION | 여권은 언제 사용할까?
048　자, 드디어 여권이 나왔다!

054　**경비**
054　교통비_택시, 지하철, 버스 이용금액
058　미리 알아두기 | 해외여행에서 가져갈 수 있는 돈
058　호텔 숙박비
058　민박비용
059　BEST INFORMATION | 팔달통 카드
061　BEST INFORMATION | 호텔비 절감 노하우
062　식사비
063　끼니 횟수 및 비용 계산

066	**전화_아이폰**
068	스마트폰 로밍하기
070	홍콩에서 한국으로 전화 걸기
071	국제전화카드
071	BEST INFORMATION	스마트폰으로 인터넷전화 사용하는 방법
072	홍콩 시내에서 쇼핑할 목록
074	**쇼핑 목록 작성**
074	홍콩 공항에서 귀국할 때 쇼핑목록
076	**항공권 예약하기**
076	여행일정 계획- 홍콩 날씨, 홍콩 축제
077	BEST INFORMATION	홍콩의 페스티벌 기간
077	비행기 가격 알아보기
079	비행기 좌석등급 정하기
079	여행자보험 가입 결정하기
080	좌석 자리 정하기
082	BEST INFORMATION	항공사 마일리지를 쌓아야 하는 이유
083	예약 확약
083	항공요금 청구서 받기
084	**전자티켓 받기**
084	비행기 티켓 받기
085	비행기 티켓 보관

비행기 탑승

087	비행기 탑승
087	탑승권

088	안전벨트
088	소화물 위치
088	좌석 제공물품
089	기내식
090	비행기에서 해야 할 일
091	비행기 화장실
092	비행기에서 가능한 일들

TWO 홍콩 도착하기

099	비행기 착륙
099	비행기에서 내리기
100	입국장 이동하기
101	입국심사 받기
101	수화물(짐) 찾기
101	세관심사 받기
102	홍콩 공항
103	교통수단 찾기
103	공항고속철도 MTR 이용하기
105	리무진 버스(호텔 등)
106	벤츠 타고 시내 들어가기
106	이층버스 이용하기
113	홍콩시내 도착

THREE 홍콩 따라잡기

121	홍콩거리 이정표 알아두기	
122	홍콩 지도	
124	홍콩 지하철 이용하기	
127	홍콩택시 이용하기	
129	홍콩 돈 알아두기	
131	홍콩 호텔 찾아가기	
135	호텔 체크인하기	
137	빅터리의 명품쇼핑 팁	까르티에
137	빅터리의 명품쇼핑 팁	티파니앤코
141	빅터리의 명품쇼핑 팁	질샌더
141	빅터리의 명품쇼핑 팁	폴 스미스
144	호텔숙박비 보증금	
144	홍콩 호텔룸 사용법	
149	BEST INFORMATION	호텔에서 공짜로 쓸 수 있는 것들

FOUR 홍콩 명품거리, 침사츄이에서 쇼핑하기

154	**MUST 1** • 홍콩 명품매장 찾기	
155	빅터리의 명품쇼핑 팁	에스프리
157	빅터리의 명품쇼핑 팁	프라다와 미우미우
157	빅터리의 명품쇼핑 팁	펜디
159	빅터리의 명품쇼핑 팁	크리스티앙 디오르
159	빅터리의 명품쇼핑 팁	샤넬

161	빅터리의 명품쇼핑 팁 |	루이뷔통
161	빅터리의 명품쇼핑 팁 |	살바토레 페라가모
163	빅터리의 명품쇼핑 팁 |	에르메스
163	빅터리의 명품쇼핑 팁 |	구찌
165	빅터리의 명품쇼핑 팁 |	돌체 앤 가바나
165	빅터리의 명품쇼핑 팁 |	엠프리오 아르마니
172	MUST 2 •	홍콩 침사추이 스타애비뉴 구경하기
178	MUST 3 •	호텔로 돌아오기

FIVE 홍콩 야시장 템플스트리트 쇼핑하기

183	MUST 4 •	호텔 나서기 전 준비사항
185	MUST 5 •	템플 스트리트 쇼핑
187	BEST INFORMATION |	외국인들의 필수코스, 템플스트리트
188	MUST 6 •	홍콩 야시장 음식 즐기기
191	MUST 7 •	호텔로 돌아오기

SIXTH 홍콩 도매시장 라이치콕에서 쇼핑하기

195	MUST 8 •	호텔 체크아웃 하기
196	MUST 9 •	호텔 비용 보증금 받기
197	MUST 10 •	홍콩 패션도매시장 라이치콕 찾아가기
202	MUST 11 •	홍콩 도매시장 라이치콕 쇼핑하기

SEVEN 홍콩 시장 프린스 에드워드 & 몽콕에서 쇼핑하기

208	MUST 12 •	홍콩시내에서 공항 가는 방법
211	MUST 13 •	홍콩 시장 '프린스 에드워드'에서 쇼핑하기
212	MUST 14 •	재미있는 홍콩 시장 둘러보기
214	MUST 15 •	홍콩 몽콕에서 둘러보는 '여자들을 위한 거리'
220	BEST INFORMATION	젊은이들의 패션거리, 몽콕 역 주변

EIGHT 홍콩 공항 가는 길

224	MUST 16 •	홍콩명품아울렛 칭이 둘러보기
232	MUST 17 •	홍콩공항까지 가장 빠른 MTR 이용하기
233	MUST 18 •	홍콩공항에서 쇼핑하기
234	MUST 19 •	홍콩공항에서 쉬는 방법

NINE 서울 도착하기

240	인천공항 입국 수속
240	공항에서 짐 찾기
240	집으로 귀가하기

248 EPILOGUE 1박 3일 홍콩명품아울렛쇼핑을 통한 돈 버는 홍콩여행 가이드

258	**부록 1	공항 수속**
259	공항에 도착하기
260	공항버스
261	지하철 이용하기
264	**BEST INFORMATION**	삼성동 공항터미널에서 출국수속하기
266	환전
266	**BEST INFORMATION**	환전 노하우
267	국제전화 로밍
267	항공사 카운터 찾아가기
268	티켓 발권
269	짐 부치기
270	출국장
270	반출휴대품 신고
271	출국심사
272	면세점
273	공항식당
273	탑승 게이트
274	**부록 2	비자**
274	비자란?
275	비자가 필요한 나라, 비자가 필요 없는 나라
276	**부록 3	호텔 리무진 버스 노선도**
279	**부록 4	인천공항버스 노선도**
290	**부록 5	기초 중국어 + 기초 영어 익히기**
294	**부록 6	기초 영어 쇼핑 회화 익히기**

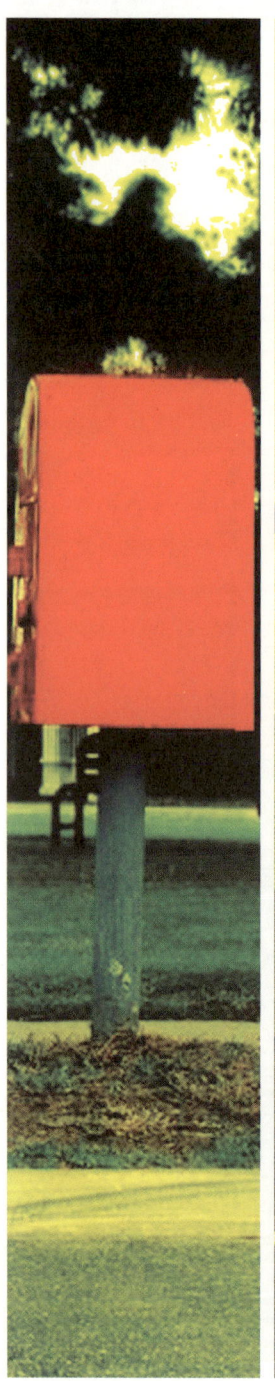

HONG KONG LUXURY SHOPPING

PROLOGUE
1박 3일 홍콩으로 떠나는 명품 쇼핑

나는 패션디자이너다.

안 가본 시장이 별로 없고, 허름한 시장에서 명품 못지않은 물건을 귀신같이 찾아내는 남다른 안목도 물론 있다. 패션의 최신트렌드와 역사를 환히 꿰고 있듯, 스타일리시한 옷이나 패션소품들이 머물고 흘러다니는 통로도 알고 있다. 한마디로 **패션디자이너들은 쇼핑의 귀재**이기도 하다.

그런 내가 **아이폰 하나 들고, 직접 1박3일간 홍콩여행**을 다녀왔다. 이 책은 그 여정의 기록인 동시에 명품과 명품아울렛, 그리고 도매시장과 홍콩시장까지 두루 다녀볼 수 있도록 안내한 서적이다.

여러분이 **영어를 못해도, 패션을 잘 몰라도**, 한번 갔던 길을 혼자서는 다시 돌아오지 못하는 길치여도 **괜찮다**. 이 책이 안내하는 대로, 그저 여러분은 따라가기만 하면 된다. 그럼, 홍콩에 대한 짧은 이야기부터 시작해보자.

SHOPPING

HONG KONG

단어만 떠올려도 즐거워지고 뭔가 특별한 경험이 기다리고 있을 것 같은 '그곳'! 직접 다녀온 사람들은 이구동성으로 '별빛이 가득한 홍콩의 밤'이라고 말한다. 밤에 더욱 반짝거리는 홍콩의 거리는 대낮처럼 환한 곳곳마다 즐비하게 늘어선 상점들과 식당들이 가득하다.

홍콩의 먹거리
FOOD

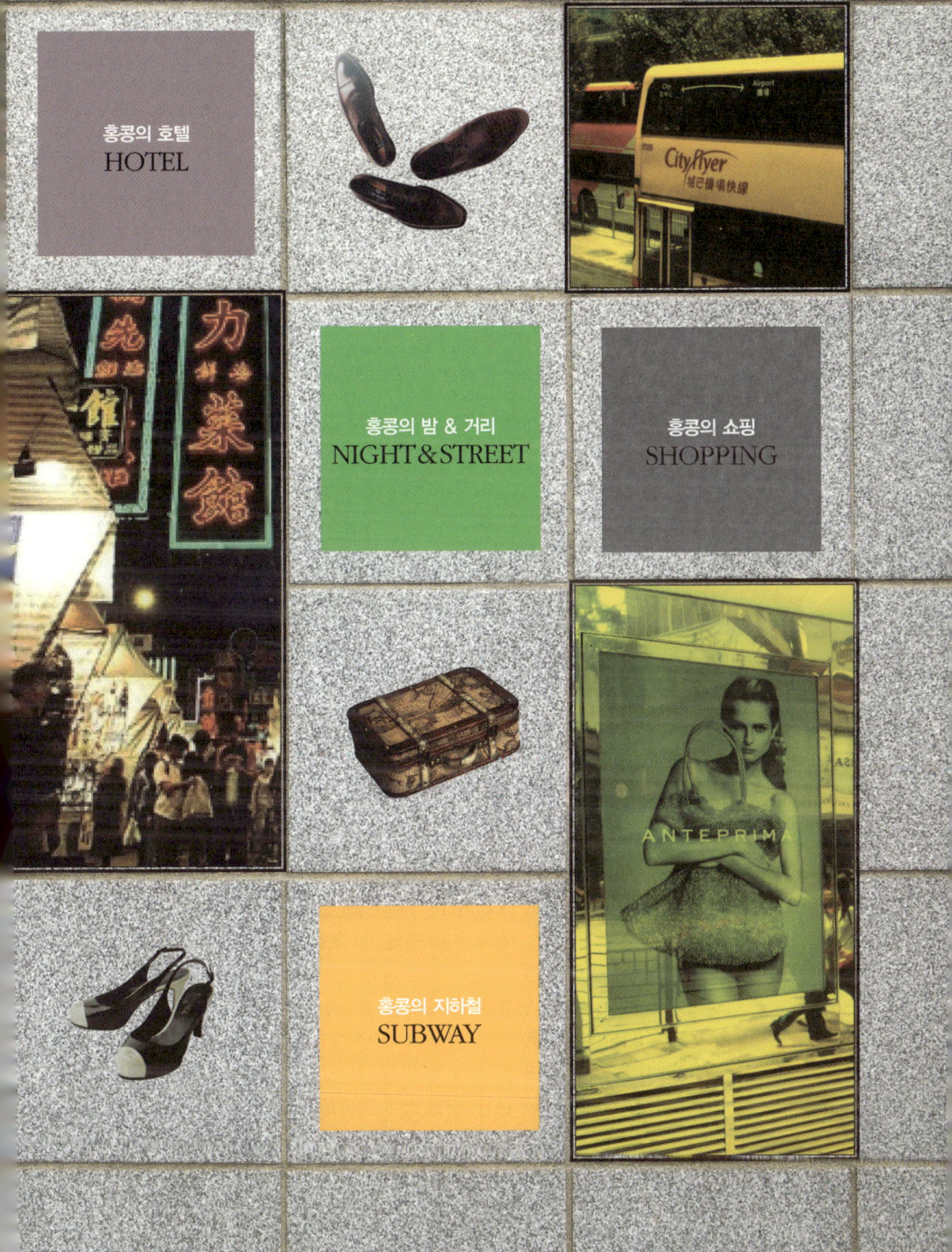

STREET

홍콩의 밤 & 거리

작지만 잘 정리된 홍콩시내를 걷다보면 거리별로 제각각 특색 있게 꾸며져 있어 색다른 즐거움을 주는 홍콩의 매력을 느낄 수 있다. 특히 이층버스를 타고 홍콩의 거리를 이곳저곳 누비노라면, 높은 곳에서 내려다보는 즐거움을 만끽함과 동시에 거리를 오가는 다양한 국적의 외국인들로 인해 **커다란 장난감 세계 안**으로 들어와 있는 듯한 착각을 불러일으키게 된다.

홍콩의 지하철

우리나라 지하철의 역과 역 사이는 대부분 생각만큼 가깝지 않다. 그래서 한 정거장이라고 해도 막상 걸어 다니려면 망설이게 된다. 그러나 홍콩시내에선 지하철역 한두 정거장 정도는 걸어도 좋겠다. 지하철로 촘촘히 연결된 거리 곳곳을 걸으며 만나게 되는 풍물이 마냥 즐겁기 때문이다. 주변을 특화 거리로 꾸며둔 지하철역이 많은 홍콩에선 **시내 걷기여행도 매우 행복**하다.

SUBWAY

HOTEL

홍콩의 호텔

홍콩은 세계 금융기업들이 모인 곳이기도 하다. '홍콩' 이라는 특성상 도시 전체가 면세지역인 까닭에 세계 무역회사들이 모여 수출과 수입의 무역 금융거래를 하는 덕분이다. 거래가 많으니 은행이 필요하고, 은행이 있으니 부자들도 많다. 당연히 부자가 많으니 상품 소비가 많아지고 소비가 많으니 다시 무역거래가 활발하게 된다. 한 마디로 **돈이 돌고 도는 지역**이란 뜻이다.

이렇듯 홍콩을 찾는 수많은 세계인들을 위해 홍콩의 호텔은 고객의 각기 다른 기호에 맞춘 다양한 가격대와 편리한 시설을 자랑한다. 더운 여름철 호텔 투숙객을 위한 수영장 무료개방은 물론이고, 기온이 영하로 내려가지 않는 따뜻한 홍콩의 겨울엔 더운물로 수영장을 채우는 서비스까지 한다. 공항과 시내 곳곳을 연결하는 호텔 셔틀버스도 많아 편리하다.

FOOD

홍콩의 먹거리

홍콩은 중국이다. 1997년 영국에서 중국으로 반환된 **'역사'를 지닌 곳**이다. 이러한 역사적 배경 덕택에 홍콩에서는 서양인의 입맛에 맞는 요리뿐만 아니라 중국 전통요리까지 맛볼 수 있다. 특히 시내 곳곳에 한국인들이 운영하는 상점들은 물론 한국음식을 맛볼 수 있는 장소도 많다.

거리 곳곳에 늘어선 명품 매장과 다양한 상품을 판매하는 상점들 사이로 그 수 못지않게 식당들도 많다. 야시장이 열리는 골목에는 24시간 운영하는 음식점도 있어서 여행길에 배가 고플 시간은 별로 없다.

SHOPPING

홍콩의 쇼핑

사람들은 홍콩을 **쇼핑천국**이라고 부른다. 도시 전체가 면세지역이며 거리 곳곳에 패션상점과 각양각색의 가게들이 즐비하게 늘어서 있다. 특히 매년 두 차례, 여름과 겨울의 특별세일 기간에는 평소보다 훨씬 더 저렴한 가격에 상품들을 제공한다. 이때는 전 세계에서 평소보다 훨씬 더 많은 사람들이 홍콩을 방문한다.

1박3일 홍콩 명품아울렛 쇼핑가이드는
홍콩에서 제대로 쇼핑하는 방법을 안내한다.

해외여행은
한 번도 해본 적 없는
여자들을 위해
안전하고 편안한
나 홀로 홍콩 여행을
가이드한다.

이 책 하나만 챙기면 영어나 중국어 한 마디 못해도 여행에 전혀 문제없고, 길 잃을 염려도 없다. 책에 소개된 그대로 그저 따라가기만 하면 된다. 공항부터 호텔까지, 호텔에서 각 상점들까지, 다시 서울로 돌아오는 모든 과정이 일목요연하고 이해하기 쉽게 설명되어 있다.

여성의 사회진출이 많은 현대사회에서 일하는 여성은 아름답다. 그러나 일만 하는 여성은 아름답지 않다. 일만 하면서 살 수는 없는 법이다. 열심히 일했다면 스트레스를 풀고 휴식도 취해야 의욕이 충전된다. 여성의 스트레스 해소는 뭐니 뭐니 해도 쇼핑이 최고다.

바쁜
현대여성을 위해
1박3일이면 충분한
홍콩여행 방법을
담았다.

인터넷쇼핑몰
운영자를 위한
다양한 패션상품
도매공급처를
소개한다.

홍콩은 다양한 국적의 사람들이 모인 지역이다. 따라서 음식뿐 아니라 의류 등의 패션 상품이 그 종류를 헤아릴 수 없을 만큼 무수히 많다. 동양인 또는 서양인의 입맛에 맞는 트렌드 상품들 가운데 각자 필요한 상품을 고를 수 있는 기회가 무궁무진하다.

'홍콩'은 잘 안다는 사람들이 많다. 무역회사에 다니며 자주 홍콩 출장을 다녀온다는 무역회사 김 과장으로부터 홍콩의 여기저기 이름난 곳은 다 안다는 옆집 아가씨, 여행 관광상품을 통해 홍콩에서 소문난 곳을 다녀왔다는 아주머니에 이르기까지, 그들은 홍콩 이야기가 나오면 한결같이 "거기 가봤어?"로 시작되는 질문을 던진다.

홍콩여행
전문가도 잘 모르는
1박3일
쇼핑코스를
소개한다.

여자 혼자서도 편안하게
홍콩 쇼핑 여행 따라하기

그러나 이 책에선 그들이 가보지 못한, 홍콩여행 전문가들도 잘 모르는, 1박3일 동안 가능한 효율적인 홍콩쇼핑 코스를 소개한다.

금요일부터 일요일 아침까지도 좋고, 토요일 아침에 떠나서 월요일 새벽에 귀국하는 일정도 좋다. [홍콩 명품 아울렛으로 떠나는 1박3일 홍콩자유여행]을 통해 홍콩의 맛과 멋을 즐기고 쇼핑까지 할 수 있다.

Vivi
SI SI FASHION
NU MODE
TAPAS
SOL
Mac's
ZING
HANDBAG
K&T
e-SPACE
VIVIDA
Fashion

ROYAL VICTORIA HOTEL
CARLTON
Hotel
CANNES
Frenchline
FRANCE
RELAIS ALPIN
PARIS
Trunk in Damier Canvas, 1899

ANTEPRIMA

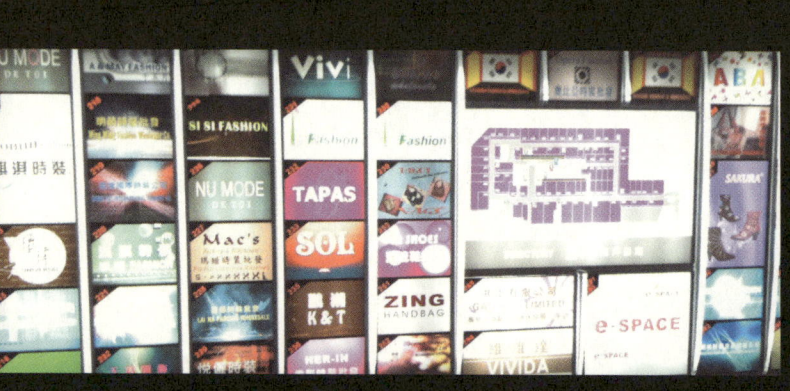

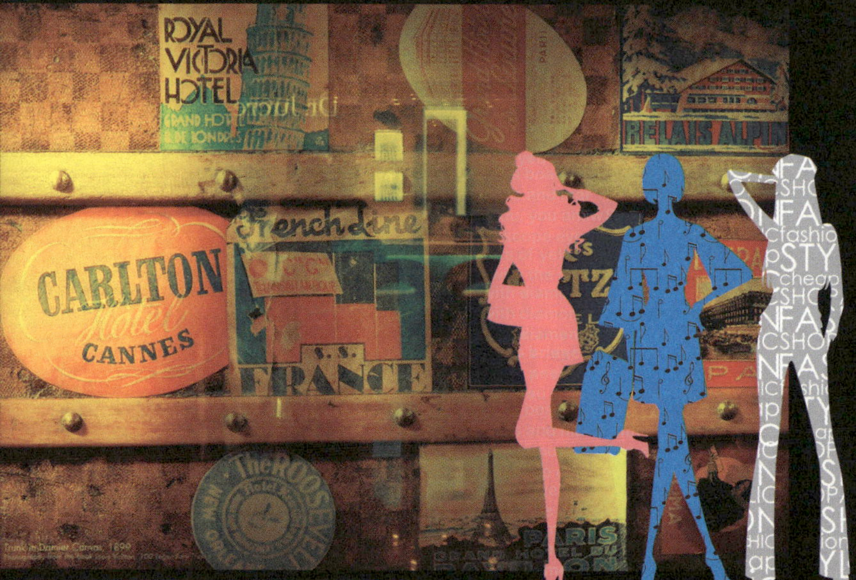

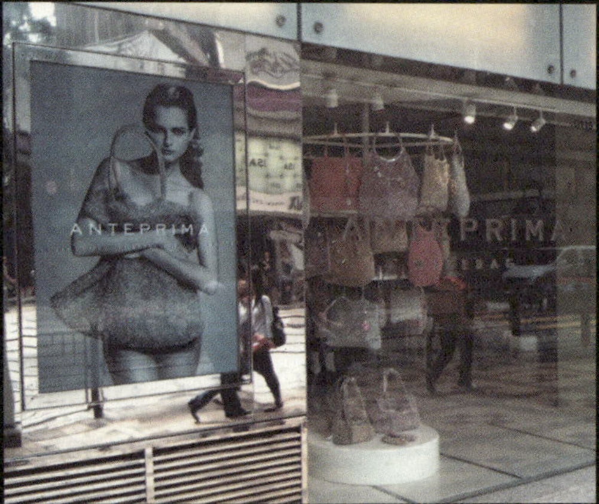

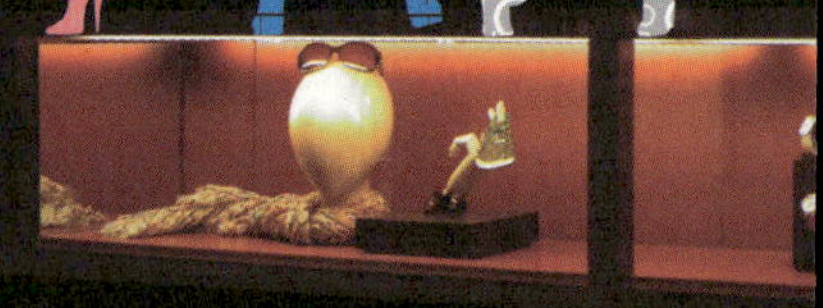

20대 여성들은 시간적으로는 여유가 있으나 경제적 여유가 부족하다.

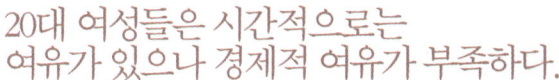

20대 여성은 스타일이 중요하다. '선택' 소비를 한다. 사이즈Size가 중요한 의상 쇼핑은 인터넷에서 패스트패션이라고 부르는 저렴한 의상을 구입, 자주 입고 자주 바꾸는 반면에, 코디Coordination가 목적인 가방, 명품 등의 쇼핑은 백화점을 주로 이용한다. 이탈리아, 미국, 유럽 등지에서 직접 구매하기도 하는데, 해외에 다녀올 시간과 비용이 없는 경우 인터넷쇼핑몰을 통해서 명품을 구매한다.

30대 여성들은 경제적 여유가 있지만 시간이 부족하다.

30대 여성들은 경제적으로 넉넉한 사회적 위치에 올랐으나 시간적 여유가 많지 않아 주로 인터넷쇼핑을 이용하게 된다. 이들은 또 업무상 스트레스나 생활의 활력소를 위해 금~일, 또는 토~월 등 1박3일 일정으로 여행을 짧게 다녀오기도 한다. 자기 자신에 대한 사회적 이미지 관리가 철저하다.

이와 같은 20~30대 여성들의 소비패턴, 생활패턴을 바탕으로 관련 분야 시장이 활성화되고 있는데, 최근 해외여행 상품은 홍콩과 일본 여행 상품이 주를 이루고 있으며, 관련 여행서적 또한 홍콩과 일본에 대한 가이드 서적이 많다.

그러나 1박3일의 짧은 여정에서 대다수 여성들은 '가이드 따라 다니기' 식의 관광보다는 친구나 연인과 함께 자유롭게 다녀오는 자유여행을 선호하고 있는 데 반해, 관련 업계에서는 수지타산 및 이익유지의 비효율성 때문에 마땅한 상품을 내놓지 않고 있다.

이로 인해 인터넷 등 관련 게시판에는 1박3일 홍콩자유여행 또는 홍콩 명품쇼핑에 대한 문의가 많이 올라오지만 시중에는 마땅한 서적도 없고, 마땅한 여행상품도 없다. 게다가 인터넷 답변으로 올라오는 1박3일 홍콩여행의 조언들은 비전문적인 조언이 많아서 지식이라기보다는 상식 수준에 지나지 않는 정보가 내부분이다.

홍콩관광진흥청 한국지사(권용집 지사장)에 따르면, 2008년 홍콩을 방문한 한국관광객은 90만4320명, 이중 65%가 개별관광객이었다.

또한 인터넷쇼핑의 발전과 더불어 10대는 물론 40대 이상의 소비자들도 인터넷에서 패션상품을 소비하고 있는 바, 인터넷쇼핑몰을 운영하는 많은 사업자들을 위해 홍콩에서 상품소싱을 할 수 있도록 자세한 홍콩도매시장을 소개했다. 중국에서 만들어진 상품이 홍콩을 거쳐 전 세계로 수출되는 현실에서 홍콩에 거래처를 두면 저렴한 중국산 상품뿐만 아니라 세계 각 브랜드업체에게 수출되는 다양한 디자인의 상품까지 도매가격으로 확보할 수 있다.

이 책 한 권만 있으면 홍콩에서 명품도 사고, 갖가지 먹거리와 홍콩 야(夜)시장 등, 특별한 추억을 남길 수 있는 홍콩시내 구경도 즐길 수 있다. 1박 3일의 짧은 시간 동안에도 3박4일 혹은 그 이상의 충분한 즐거움을 만끽할 수 있다.

뿐만 아니다.
명품아울렛에서 쇼핑만 잘하면 비행기 값과 호텔숙박비까지 뽑고도 돈이 남는, 알뜰한 짠순이를 위한 돈 버는 여행이 가능하다. 1년에 두 번 여름과 겨울에 있는 홍콩 세일기간은 두 말할 필요가 없고, 평소에도 유용한 돈 버는 쇼핑정보인 것이다.

저자 이영호

야시장이 열리는 골목에는 24시간 운영하는
음식점도 있어서 여행길에 배가 고플 시간은 별로 없다.

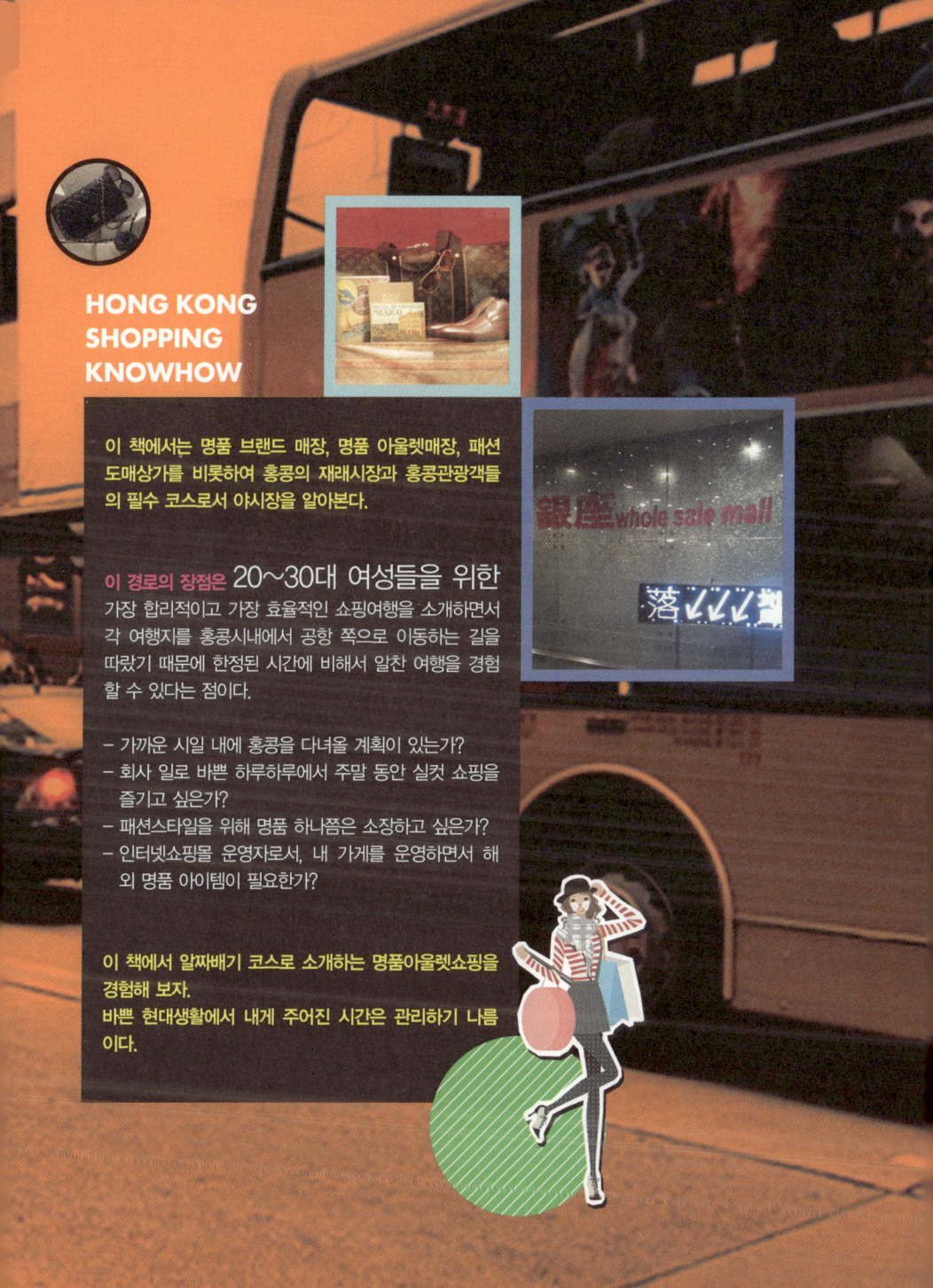

HONG KONG SHOPPING KNOWHOW

이 책에서는 명품 브랜드 매장, 명품 아울렛매장, 패션 도매상가를 비롯하여 홍콩의 재래시장과 홍콩관광객들의 필수 코스로서 야시장을 알아본다.

이 경로의 장점은 20~30대 여성들을 위한 가장 합리적이고 가장 효율적인 쇼핑여행을 소개하면서 각 여행지를 홍콩시내에서 공항 쪽으로 이동하는 길을 따랐기 때문에 한정된 시간에 비해서 알찬 여행을 경험할 수 있다는 점이다.

- 가까운 시일 내에 홍콩을 다녀올 계획이 있는가?
- 회사 일로 바쁜 하루하루에서 주말 동안 실컷 쇼핑을 즐기고 싶은가?
- 패션스타일을 위해 명품 하나쯤은 소장하고 싶은가?
- 인터넷쇼핑몰 운영자로서, 내 가게를 운영하면서 해외 명품 아이템이 필요한가?

이 책에서 알짜배기 코스로 소개하는 명품아울렛쇼핑을 경험해 보자.
바쁜 현대생활에서 내게 주어진 시간은 관리하기 나름이다.

FASHION DESIGNER
LEE YOUNG HO
패션디자이너 빅터리

패션 디자이너가 교통사고가 나서 다리 골절상을 입었다. 그는 곧장 병원에 입원했다. 전치 6개월 진단을 받았다. 그는 회사로 전화를 걸어서 디자인 작업지시서를 갖다달라고 했다. 패션디자이너는 그날부터 병실에 누워서 디자인을 이어갔다.

-어느 패션디자이너의 일기-

ONE

서울 출발하기

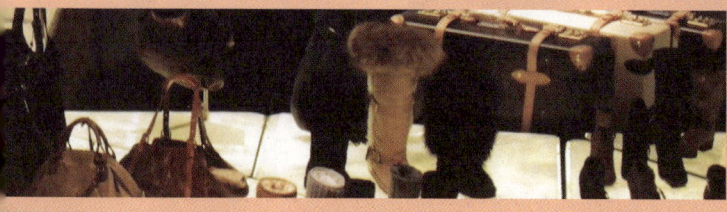

여행은 준비하는 단계부터 이미 여행의 시작이다. 준비가 완벽하면 여행 역시 완벽한 확률이 높아진다. 홍콩으로 떠나기에 앞서 서울에서 준비해야 할 일에 대해 알아보자. 특히 홍콩의 문화를 미리 알아두면 홍콩에서의 1박3일 동안 더 알찬 추억을 만들 수 있다. 문화가 곁들여진 홍콩여행을 체험하도록 하자.

홍콩은 우리에게 친숙하다.

같은 동양인으로서 우리와 닮은 사람들이 살아가는 지역인 동시에 비행기로 3시간여만 날아가면 도착할 만큼 가까운 곳이기에 그렇다.

하지만, 홍콩은 외국이다

외국을 방문하기 전에 그 나라의 문화를 알아두는 것은 우리가 다른 사람의 집을 방문할 때 예의를 갖춰 옷을 입는 것과 같다. 홍콩으로 가기 전에 홍콩에 대한 기본적인 정보를 알아두자.

홍콩은 영국 땅인가요? 중국 땅인가요?
홍콩은 1997년 7월 1일 영국에서 중국으로 반환되었다.

홍콩은 한자로 香港(향항)이라고 쓰며 중국어 병음으로 Xiānggǎng(시앙깡)이라고 읽는다. 또한 중국 광동성 지방에서 사용하는 광동어로는 Heūng góng(헝꽁)이라고 읽으며 영어로는 Hong Kong(홍콩)이라고 부른다.

www.cyworld.com/leini01251012

홍콩 명품 아울렛으로 떠나는 1박 3일 홍콩자유여행

미리 알아두기 HONG KONG HISTORY
홍콩의 역사

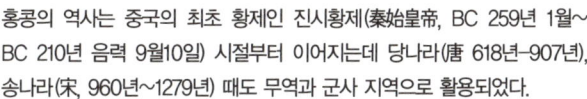

홍콩의 역사는 중국의 최초 황제인 진시황제(秦始皇帝, BC 259년 1월~ BC 210년 음력 9월10일) 시절부터 이어지는데 당나라(唐 618년-907년), 송나라(宋, 960년~1279년) 때도 무역과 군사 지역으로 활용되었다.

1513년 포르투갈 국적의 조르주 알바르스 Jorge Álvares가 홍콩을 처음으로 방문한 서양인으로 기록되었다. 홍콩은 1841년부터 영국에 의해 통치되었는데 155년 만인 1997년 7월 1일에 중국 영토로 복귀되었다. 그리고 복귀 시점 기준 50년간 중국과 홍콩은 1국 2체제로 유지되는데 계산해보면 2047년까지가 된다.

영국의 통치를 받다가 중국의 영토로 귀속된 홍콩은 동양과 서양의 문화가 어우러진 독특한 역사적 배경을 바탕으로 다양한 국적의 사람들이 모여 산다. 중국어와 영어를 사용하는 홍콩은 세계의 금융 중심지로 발전해 가고 있으며 세계 각국 사람들이 모여 무역거래를 하고 비즈니스를 열어 가는 곳이다.

다양한 국적의 사람들이 모여 국제 무역이 활발한 곳, 세계 각 나라 사람들의 취향에 맞는 상품들이 모이는 홍콩으로 지금부터 떠날 채비를 갖춰보자.

패션회사 입사기

내가 홍콩을 처음 방문하게 된 이유는 회사 업무 때문이었다. 말 그대로 해외출장이었던 셈이다.

대기업을 그만두고 중소 패션기업으로 자리를 옮긴 이유는, 오로지 패션디자인을 배우기 위해서였다. 특판 현장에서 생긴 궁금증을 해결하고자 다가가려 했던 디자인팀과 생산팀의 문턱은 높았다.

패션디자이너들은 목에 깁스를 한 것처럼 콧대가 높았고, 신입직원에게는 생산기술자 분들 역시 어려운 상대이긴 마찬가지였다. 그들은 자신들만의 전문영역을 확보하고 살아가는 사람들이었다. 그렇게 문전박대를 당하고 밀려난 나는 현장으로 가기로 결심하고 동대문 패션업체로 향했다.

당시 해외영업팀을 모집하던 청바지 전문업체에서 면접을 보게 되었다. 생산을 담당하며 실질적으로 회사운영을 하던 L대표와 해외영업을 담당하던 A대리와의 면접이었다. 영어로 물을 테니 영어로 대답하라며 질문을 던지는 A대리는 취미, 꿈, 가치관 등과 같은 지극히 기초적인 질문을 던졌다.

'뭐야, 이거 수능시험보다도 더 쉬운 질문이라니……'

STYLE WITH STORY

나름대로 패션비즈니스와 섬유업에 대한 올곧은 가치관을 한껏 뽐내리라 생각했는데 내게 던져진 질문은 지극히 간단한 내용이었다. 다행히 평소 영어를 잘 써먹진 않았지만 오래전부터 밑줄 그어가며 공부해오던 터라 술술 대답할 수 있었다. 게다가 더 잘 보일 요량으로 발음까지 굴려가며 원어민처럼 말하려고 노력했다.

A대리는 OK란다. 면접에 응해줘서 감사하다며 오늘 중으로 연락을 주겠단다. A대리가 일어선 후 내게 다가온 L대표는 조금 더 전문적인 이야기를 물어본다. 청바지 원단을 여러 장 늘어놓더니 색상이 같은 것과 다른 것을 구분해보란다.

사실 이렇다. 청바지 원단은 oz(온스)라고 해서 두께에 따라 다르고, 재직할 때의 씨실과 날실에 따라서도 차이가 난다. 청바지 원단은 면(cotton)으로 만들긴 매한가지이지만, 짜는 방식과 실의 두께에 따라 달라지고 가장 중요한 워싱에 의해서 또 달라진다. 워싱(washing)이란 세탁을 말한다. 빨래를 하는 것이다.

청바지를 워싱하는 방법은 물워싱, 샌드(모래)워싱, 캣워싱(바지에 고양이 수염 모양의 효과가 나타나도록 해주는 방법), 스노우워싱, 구제(입은 듯한 효과)워싱 등 워싱 종류가 무수히 많다. 이처럼 항상 새로운 워싱 효과를 만들고 청바지에 적용한다. 청바지는 워싱싸움이라고 하는 이유가 바로 이것이다. 그런데 그날 내 앞에 L대표가 내놓은 데님 원단들은 몇 가지 원단에 물워싱으로 기본적인 물빠짐 효과를 낸 것이었다. 물빠짐 효과의 강약에 따라 원단들의 색상에 미세한 차이가 났다. L대표가 섞어둔 원단을 보면서 강(STRONG)에서 약(WEAK)으로 나눠 정리했다. 면접은 그렇게 끝났고, 나는 그날 오후 합격통지를 받았다. 원단 볼 줄 알고, 영어 할 줄 아는 직원이 그들이 원하던 직원이었다.

1 탑승준비

BOARDING PROCEDURES

비행기를 타고 3시간가량 날아가면 도착하는 가까운 국제도시, 홍콩으로 떠나려면 '여권'이 필요하다.

★ 여권

여권의 뜻

여권은 우리나라 주민등록증과 같은 개인 신분증으로서 국가 사이에 인증하는 국제 신분증이다. 여권은 영어로 [패스포트 PASSPORT]라고 부른다.
여권은 자신의 신분을 증명하는 증명서이므로 항상 관리에 주의를 기울여야 한다. 만약 누군가 내 여권을 위조해서 밀입국 등의 나쁜 용도로 사용한다면 그 피해는 나 자신에게 고스란히 돌아올 수도 있다.

그럼, 여권을 잃어버리면 어떻게 해야 할까?

여권을 잃어버렸다면 가까운 여권 발급기관(전국 233개 광역 및 기초자치단체)에 분실신고를 해야 한다. 외국에서 분실하였을 경우엔 해당 국가에 있는 우리나라 대사관 또는 총영사관에 분실신고를 하고, 여행증명서나 단수

여권을 발급받도록 한다. 분실 신고된 여권은 즉시 사용불가 처리가 되어 누군가 찾거나 발견해서 우리나라 정부에 신고하지 않는 한 사용할 수 없다. 잃어버린 여권에 입국사증(비자)이 있을 경우엔 사증을 발급해준 국가로 신청하여 재확인 요청을 해야 한다.

 입국사증
흔히 비자VISA로 불리며 우리나라와 국가 간 비자면제 협약이 없는 나라의 경우 외국인이 해당 국가에 입국할 수 있다는 허가 표시로서, 여행 전에 반드시 해당 국가로 비자 신청을 해서 입국사증을 받아야 한다. 다만, 대다수 국가의 경우 짧은 여행 목적의 방문일 경우엔 비자면제를 하고 있으며, 홍콩의 경우에도 여행 목적의 방문자라면 3개월(90일) 이내에는 비자 없이 홍콩에 머물 수 있다.

여권 만드는 곳
여권 발급은 가까운 구청이나 동사무소에서도 발급 신청할 수 있다. 각 관공서의 민원봉사과, 여권과, 민원여권과, 민원회계과, 시민봉사과, 민원위생과, 국제협력과 등 여권 담당 부서를 문의해서 담당 부서에 여권신청서를 작성해서 제출한다.

여권발급신청서 작성방법
신청서에서 굵은 선 안의 내용을 채우면 된다. 다만, 만18세 미만은 유효기간 5년 이내의 여권만 발급 가능하다. 새로운 여권을 받으려면 먼저 발급받은 여권을 반납해야만 한다.

'단수여권' 또는 '여행증명서'란 1회만 사용할 수 있는 서류이다. 여권을 분실했을 경우 여권발급기관에 재발급 신청을 해야 한다. 그러나 분실 사유

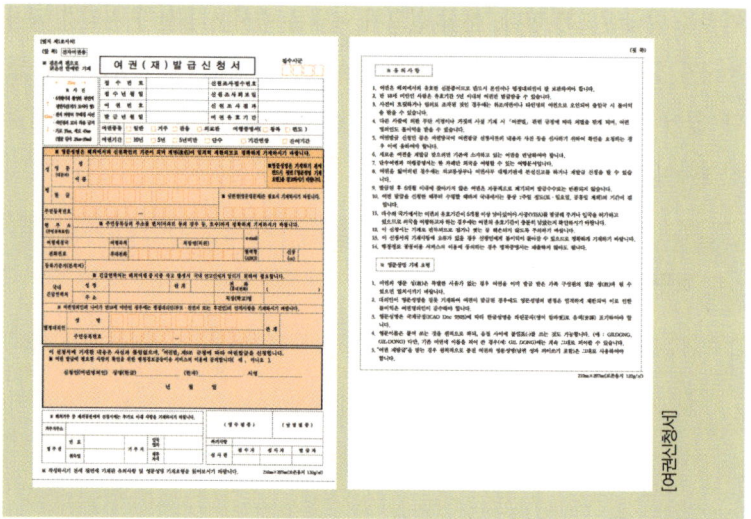

를 정확하게 설명해야 할 경우가 있으므로 분실하지 않도록 주의한다.
여권이 발급된 이후 6개월이 지나도록 찾아가지 않을 경우 여권은 자동 폐기 처리된다. 이때 여권발급 수수료는 반환하지 않는다. 여권 유효기간이 6개월 이내라면 여권을 다시 신청하도록 한다. 대부분의 국가에서 여권 유효기간이 6개월 이내일 경우 입국을 허용하지 않는다.

여권 만드는 과정

여권을 신청한 후 여권을 받기까지 일반적으로 7일 정도 소요된다. 이때, 공휴일, 토요일, 일요일은 제외한다. 여행사에 여권 발급을 의뢰하였을 경우엔 신청서 작성 후 직접 kerl까지 오가는 시간이 조금 더 걸릴 수 있다.

본인이 직접 여권을 찾을 경우 본인 신분증만 있으면 된다. 대리인이 여권을 찾을 경우, 여권 신청인 및 대리인의 주민등록증과 위임장이 필요하며, 여권 수령에 필요한 위임장은 여권발급신청서 뒷면에 있다. 발급된 여권을 택배로 받고자 하는 사람은 택배비 3,000원을 착불로 지불하면 된다.

여권 사진
6개월 이내에 촬영한 컬러 사진으로서 반드시 귀가 보이도록 해야 한다. 흰색 바탕으로 배경이 없어야 하며 선글라스 등의 색안경과 모자는 착용 금지다. 가로 35cm, 세로 45cm 사진 크기에 얼굴이 들어갈 부분은 가로 25cm, 세로 35cm 위치이다.

여권 만드는 비용
여권을 발급받는 데 필요한 경비이다. 1회 사용할 수 있는 단수 여권은 2만 원이며, 여러 차례 사용할 수 있는 복수여권은 10년 유효기간일 경우 55,000원이 필요하다.

여권종류	유효기간	여권발급 수수료	국제교류 기여금	합계	대상
일반복수여권	10년	40,000원	15,000	55,000원	-만 18세 이상 희망자
	5년	35,000원	12,000	47,000원	-만 18세 이상 희망자 -만 8세 이상~만 18세 미만
		15,000원	면제	15,000원	-만 8세 미만 -기간연장 재발급 해당자
	5년미만	15,000원	면제	15,000원	-잔여 유효기간 부여 재발급 -국외 여행허가대상자
일반단수여권	1년	15,000원	5,000	20,000원	-1회 여행만 가능

여권은 언제 사용할까?

여권은 해외여행을 할 때 신분증 대신 사용하기 때문에 거의 모든 일정에 필요하다.

환전할 때
우리나라 돈을 외국 돈으로 바꿀 때 돈을 바꾸는 사람의 신분증으로 여권을 보여줘야 한다. 우리나라에서 우리나라 돈을 바꿀 때는 신분증이 필요 없는데 왜 외국 돈을 바꿀 땐 신분증을 보여야 하는지 궁금하다는 사람들이 있다. 그 이유는 각 국가의 돈 관리, 즉 우리나라의 입장에서 생각하자면 외환 관리라고 할 수 있다.
국가와 국가는 저마다 그 나라의 돈이 있고, 무역 등의 거래를 할 경우 일정한 환율에 의해서 돈을 주고받는다. 그렇다면, 우리나라에 들어온 외국 돈이 정확하게 얼마가 있는지 알아야 하는데 불법적인 돈의 반출도 막고 우리나라가 보유한 외국 돈의 구체적인 금액 규모를 알기 위해서 외국 돈을 바꿀 때 신분증을 요구하는 것이다.

출국, 입국할 때
우리나라의 국경을 나갈 때와 들어올 때 여권이 필요하다. 외국으로 입국할 때와 출국할 때도 여권이 필요하다. 누가 나가고 누가 들어오는지 확인하는 과정이기 때문이다. 여권과 비행기 표를 들고 공항에 설치된 출국심사대, 입국심사대를 거치면 된다. 심사관에게 여권과 비행기표를 건네주면 신상정보를 확인한 후 여권과 비행기표에 확인 도장을 찍은 뒤 다시 돌려준다.

항공기에 탑승할 때
비행기에 탈 때 여권과 비행기표를 보여준다. 비행기 탑승권을 가진 고객이 맞는지 항공사 직원들이 확인하게 된다. 영어 이름을 확인하는 항공사 직원들을 지나 비행기 안으로 들어오면 승무원들이 다시 비행기표를 확인하는데 비행기표에 표시된 좌석을 안내해주기 위해서다.

홍콩 명품 아울렛으로 떠나는 1박 3일 홍콩자유여행

면세점에서 쇼핑할 때

입국심사 또는 출국심사를 마치고 공항에 들어오면 면세점이 있다. 면세점이란 세금이 없는 상품을 판매하는 상점이란 뜻인데, 경우에 따라서 가격이 비싸다고 생각될 경우도 있다. 특히, 공항 안의 음식점에서 판매하는 음식 가격은 다른 곳보다 비싸다는 생각을 갖게 하고, 면세점 안에서 판매하는 김이나 인삼 제품 또는 김치 제품 등 각 국가의 특산품들은 간혹 다른 곳에서 판매하는 상품들보다 비싼 경우가 종종 있다.

어쨌든 면세점에서 물건을 살 경우엔 여권이 필요하다. 외국인이라는 증명이 필요하기 때문이다. 우리나라에서 판매하는 상품을 우리나라 국민이 살 경우 세금이 부과된 가격에 판매되지만, 우리나라에서 판매하는 상품을 외국인이 살 경우엔 세금을 제외한 가격에 판매하기 때문이다.

면세점에서 쇼핑할 계획이라면 물건 값을 계산할 때 여권을 같이 보여주도록 하자.

기타

여권이 필요한 경우는 이외에도 많다. 외국에 오래 머물면 자동차 운전이 필요한 경우가 있는데 해당 국가에서 운전면허증을 만들 때도 여권이 필요하다.

또한 여행자수표를 분실했거나 다시 발급하려 할 때도 본인 확인을 거치는 과정에서 여권을 사용하게 된다. 해외은행에서 송금받은 돈을 찾을 때도 여권이 필요하다. 이렇듯 여권은 외국에 있을 때 자신의 신분을 증명하는 귀중한 서류이다. 항상 주의를 기울여 보관하고 잃어버리지 않도록 조심해야 한다.

인천국제공항 구경도 빼놓을 수 없는 여행 필수코스

구청 여권 업무 담당부서(서울)

여권발급 관련 문의는 각 구청, 각 동사무소 등의 관할 관청에 하도록 한다. 서울의 경우, 아래 구청에 문의하면 된다.

기관명	담당부서	연락처	기관명	담당부서	연락처
종로구청	여권과	731-0610~3	성동구청	민원여권과	2286-5243~50
강남구청	민원여권과	551-0211~5	중구청	여권과	2260-1752
영등포구청	여권과	2670-3145~6	용산구청	여권과	710-3370
노원구청	민원여권과	950-3750~4	광진구청	여권과	3424-2114
동대문구청	민원여권과	2127-4681~4	중랑구청	여권과	490-3210
서초구청	민원여권과	570-6430~3	강북구청	여권과	901-6831
마포구청	여권과	718-3131,3232	은평구청	여권과	350-3931
구로구청	민원여권과	860-2681~4	강서구청	여권과	2603-2580
송파구청	여권과	410-3270~4	강동구청	여권과	480-1587

자, 드디어 여권이 나왔다!

여권을 신청하고 7일 정도 후면 드디어 내게도 여권이 생긴다. 이제 세계 어디든 갈 수 있는 것이다.

그럼 여권을 한번 살펴보자.

첫 장을 넘기면 대한민국 외교통상부 장관의 직인과 함께 글이 보인다. "대한민국 국민인 이 여권 소지인이 아무 지장 없이 통행할 수 있도록 하여 주시고 필요한 모든 편의 및 보호를 베풀어주실 것을 관계자 여러분께 요청합니다."라고 되어 있다.

다음 페이지를 보자. 제출했던 여권 사진이 붙어 있다. 여권의 종류, 여권 발행국, 여권번호도 있다. 여권 소유인의 이름이 영어로 표기되어 있고, 국적 또한 한국epublic of Korea으로 되어 있다. 생년월일, 주민등록번호, 성별, 발급일, 기간만료일, 한글 성명, 발행관청 등이 보인다.

이와 같은 여권의 정보는 알아두는 게 좋다.
가령 입국신고서, 출국신고서를 써야 하는 국가의 경우, 목적지나 현지 숙소 및 주소를 비롯해 여권 발행지, 소지인 이름, 여권번호 등을 써야 할 경우가 많다.

해외여행 횟수가 늘어날수록 도장 찍을 공간이 줄어든다.

여권의 다음 페이지는 '소지인의 서명Signature of bearer'을 적는 곳이다. 필자의 경우 서명을 하고 그 위에 투명 테이프를 덧대어 붙였다. 여권에 서명 부분을 비워두지 말고 내 서명을 써 넣도록 하자.
그 다음 페이지는 [유의사항]이고, 이어서 [추가 기재] 부분이다. 추가 기재는 나중에 여권 유효기간이 만료되었을 때 기간연장 표시를 해두기도 하는 등 관련 기관에서 필요한 업무를 기재하는 부분이다.

다시 페이지를 넘기면 [사증VISA] 페이지가 시작된다. '사증' 이란 입국허가 및 허가조건을 말한다. '사증' 은 각 나라마다 표시 수단이 다른데, 스티커처럼 붙여주는 곳이 있고, 도장을 찍어주는 곳도 있다.
스티커 또는 도장 형태 등의 모든 '사증' 에는 사증번호, 사증 유효기간, 사증종류 등을 기재한다. 사증을 받은 사람이 어떤 사증을 갖고 있으며, 언제부터 언제까지 특정한 기간 동안 해당 국가를 입국할 수 있다는 내용 등을 표시한다.

또한, '사증VISA' 페이지에는 우리나라를 출국, 입국할 때는 물론이고 다른 나라를 입국, 출국할 경우 매번 심사관의 확인 도장이 찍힌다. 그래서 해외여행을 많이 한 사람들의 여권은 페이지가 부족할 정도로 도장이 많이 찍혀있다.
여권 마지막 페이지는 연락처를 적는 곳이다. 만약 여권을 잃어버렸을 경우, 습득한 사람이 연락처를 보고 돌려줄 수 있게 하기 위해서다.

해외여행에 가져갈 수 있는 돈

홍콩에서 필요한 돈을 포함해서 해외여행에 갖고 나갈 수 있는 총액은 다음과 같다.

(단위 : US$/미국 달러)
- 1만 달러(1,200만 원 정도) : 신고 없이 자유 출국
- 1만 달러~5만 달러 : 출국하기 전 출국심사대에서 세관신고서 작성
- 5만 달러 이상 : 출국하기 전 한국은행 외환심사과를 방문, 신고서류 작성

단, 해외에 6개월 이상 체류하는 연수 목적의 출국자 또는 해외지사 근무자와 유학생의 경우에는 신고 금액과 국세청 통보액수가 10만 달러이다. 10만 달러 이하 자금은 거래은행을 통해 송금하면 되나, 10만 달러 이상일 경우엔 한국은행 외환심사과에서 신고서류를 작성한 후 거래은행에서 송금해야 한다.

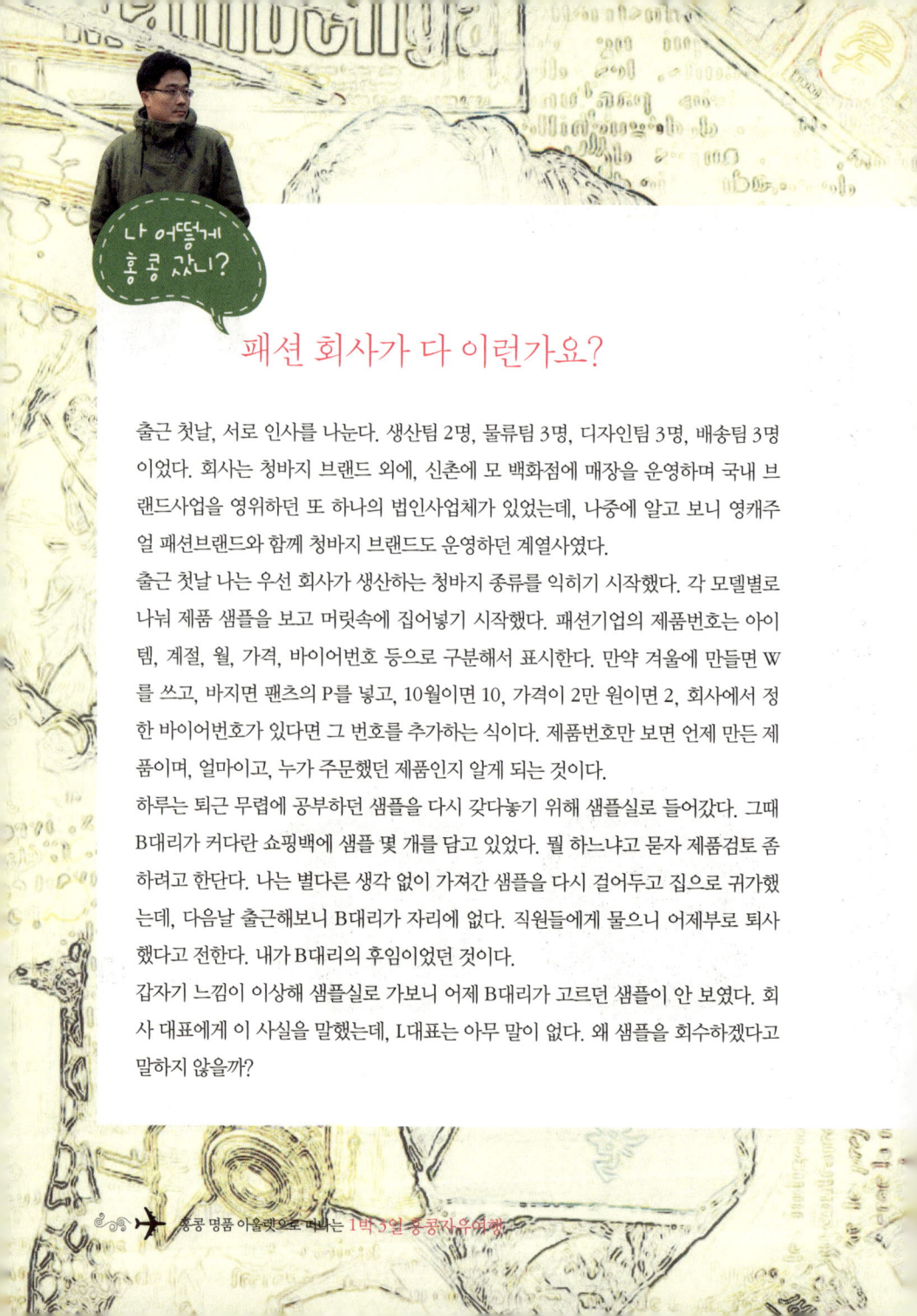

패션 회사가 다 이런가요?

출근 첫날, 서로 인사를 나눈다. 생산팀 2명, 물류팀 3명, 디자인팀 3명, 배송팀 3명이었다. 회사는 청바지 브랜드 외에, 신촌에 모 백화점에 매장을 운영하며 국내 브랜드사업을 영위하던 또 하나의 법인사업체가 있었는데, 나중에 알고 보니 영캐주얼 패션브랜드와 함께 청바지 브랜드도 운영하던 계열사였다.

출근 첫날 나는 우선 회사가 생산하는 청바지 종류를 익히기 시작했다. 각 모델별로 나눠 제품 샘플을 보고 머릿속에 집어넣기 시작했다. 패션기업의 제품번호는 아이템, 계절, 월, 가격, 바이어번호 등으로 구분해서 표시한다. 만약 겨울에 만들면 W를 쓰고, 바지면 팬츠의 P를 넣고, 10월이면 10, 가격이 2만 원이면 2, 회사에서 정한 바이어번호가 있다면 그 번호를 추가하는 식이다. 제품번호만 보면 언제 만든 제품이며, 얼마이고, 누가 주문했던 제품인지 알게 되는 것이다.

하루는 퇴근 무렵에 공부하던 샘플을 다시 갖다놓기 위해 샘플실로 들어갔다. 그때 B대리가 커다란 쇼핑백에 샘플 몇 개를 담고 있었다. 뭘 하느냐고 묻자 제품검토 좀 하려고 한단다. 나는 별다른 생각 없이 가져간 샘플을 다시 걸어두고 집으로 귀가했는데, 다음날 출근해보니 B대리가 자리에 없다. 직원들에게 물으니 어제부로 퇴사했다고 전한다. 내가 B대리의 후임이었던 것이다.

갑자기 느낌이 이상해 샘플실로 가보니 어제 B대리가 고르던 샘플이 안 보였다. 회사 대표에게 이 사실을 말했는데, L대표는 아무 말이 없다. 왜 샘플을 회수하겠다고 말하지 않을까?

글로벌 브랜드의 경우, 내가 알고 있기론 샘플 관리에 철두철미하다. 공장에 내려보내 시제품을 만들 때도 샘플을 정확하게 반으로 잘라서 보낸다. 샘플 유출도 막고, 실샘플과 가샘플을 비교해보는 가장 좋은 방법이기 때문이다. 그런데 샘플이 없어져도 아무런 말이 없다니, 당황한 건 오히려 나였다.

나중에 알았지만 내가 취업하게 된 시기는 회사가 어려움에 빠지기 시작한 상황이었고, 직원들은 저마다 살 길을 찾고 있었다. 해외영업을 강화하기로 하고 나를 선택한 것인데, 이미 내수는 어려워졌고, 백화점에서 운영하던 브랜드 매장도 철수를 앞두고 있었다. 잘 다니던 회사를 그만두고 패션에 대해 배우러 왔는데 회사가 어렵다니, 잠시 정신이 멍했다.

하지만 문제는 나 자신이었다. 내가 문제라면 내가 답이 될 수 있다고 생각했다. 회사에서 나를 선택했다면 나도 그날부터 회사의 일원이고, 내 힘으로 회사를 살릴 수 있다면 내 역할을 충실히 한 것이라고 여겼다. 내가 회사에 도움이 된다면 회사도 나를 잘 뽑았다고 여길 것이었다. 회사에게 또 한 번의 실수를 안겨줄 순 없었다. 회사가 나를 잘 뽑았다는 확신을 갖게 할 책임은 내게 있었다.

하루는 중국에서 손님이 왔다. 통역자와 함께 회사를 방문한 중국인은 우리 회사가 백화점에서 운영하던 브랜드를 중국에서 런칭하고 싶다고 했다. 계약금은 3억, 물량은 10억 원어치를 구매하겠다고 제안했다. 한국의 백화점을 다니며 모든 브랜드를 살펴봤는데, 자신의 계획에 맞는 브랜드는 우리 회사의 브랜드밖에 없었다고 했다. 통역하는 사람도 우리에게 그 말을 전달해주며 이 사람이 이런 얘기를 하는 게 처음이라고 덧붙였다.

나는 미팅을 끝내고 회사경영진에게 보고했다. 기회라고 여겼다. 회사를 정상화시킬 수 있는 기회. 하지만 경영진은 받아들이지 않았다. 나는 아직도 그 이유를 모른다. 왜 기회를 차버렸을까?

★ 경비

자, 이제 여권이 준비되었는가? 지금부터는 홍콩에서 필요한 경비를 준비해보도록 하자. 홍콩 여행에서 필요한 경비는 교통비, 숙박비, 식사비를 제외하면 쇼핑에 사용할 경비다. 그럼, 홍콩에서 써야 할 돈, 식사비, 지하철 등의 교통비 등은 얼마나 필요할까? 홍콩의 물가를 알아보자. 참고로, 홍콩 1달러는 우리나라 돈으로 157원 정도이다. 신용카드는 관련 법규상 월 3,000달러 이상 사용할 경우 문제가 될 수 있으므로 주의해야 한다.

대한민국 원	₩156.87
렌민비 (위안)	¥0.8775
미국 달러	$0.1283
영국 파운드	£0.0870
유로	€0.1046
일본 엔	¥11.703
홍콩 달러	HK$1.0000

교통비_택시, 지하철, 버스 이용금액

- **홍콩 지하철** : 홍콩의 지하철 비용은 5달러 전후에서 시작한다. 정거장 수에 따라 달라지는데 보통 8달러, 11달러 정도도 나온다.

  홍콩 5달러는 75원 정도니까, 가까운 역은 약 750원에서 시작해서 조금 멀리 가면 1,600원 정도 된다고 생각하면 된다. 물론 그 이상의 요금도 나온다.

필자의 경우 홍콩공항에서 시내로 들어갈 때는 버스를 타고, 시내에서 호텔로 이동하거나 여행지를 다닐 때에는 주로 걷거나 지하철을 탔기 때문에 교통비가 그리 많이 필요하진 않았다.
홍콩에서 지하철 표는 주황색 카드 모양이다.
비용을 계산하면 판매기에서 카드가 나오고 지하철을 빠져나갈 때 개찰구에 넣으면 자동 반납된다.

- **홍콩 택시** : 홍콩의 택시 기본요금은 18홍콩달러이다. 우리나라 돈으로 환산하면 대략 2,700원 정도 된다. 홍콩은 지역이 좁기 때문에 무더운 여름이나 짐이 많은 경우 택시를 타도 좋다. 친구랑 같이 여행 중이라면 택시를 타도 지하철을 탈 때와 비슷한 비용이 들 때가 많다. 그러나 교통체증이 심한 출퇴근 시간에 홍콩택시를 타는 건 피해야 한다. 홍콩에 비하면 우리나라 차 막히는 건 아무것도 아니다. 좁은 도로에 차들이 서서 좀체 움직이지 않는다. 홍콩 땅 어느 거리에 서 있는지도 모르는 상태에서 택시요금만 쑥쑥 올라가는 걸 보는 경험은 굳이 안 해도 된다.

http://www.cyworld.com/leini01251012

http://somethingaboutus.egloos.com/

http://anygadget.tistory.com/

홍콩 명품 아울렛으로 떠나는 **1박 3일 홍콩자유여행**

홍콩에서 자동차 타고 다니기

홍콩은 좁은 땅에서 많은 인구가 살아가기 때문에 나만의 자동차 갖기가 쉽지 않다. 각 가정에서 자동차를 갖고자 할 경우 주차할 수 있는 차고가 있어야 하며, 자동차 세금도 비싸다. 만약 아파트를 분양받는다면 자동차를 가질 경우 주차할 차고도 따로 분양받아야 한다. 게다가 우리나라 거주자 우선주차제와 같이 주차 공간이 비어 있더라도 자기 차를 주차시킬 수 없다. 오로지 내 주차구역에만 주차할 수 있다.

- **이층버스** : 홍콩의 이층버스 요금은 저렴한 편이다. 2~20홍콩달러면 대부분 이용할 수 있다. 단, 주의해야 할 점은 홍콩에서 버스를 탈 때는 '팔달통' 카드가 없을 경우, 반드시 타기 전에 잔돈을 준비해야 한다. 홍콩 버스에선 잔돈을 거슬러주지 않기 때문이다.

http://www.cyworld.com/geekuj   http://somethingaboutus.egloos.com/

호텔 숙박비

홍콩의 호텔 숙박비는 얼마일까? 홍콩에는 세계 각지로부터 오는 여행객들을 위한 다양한 호텔이 있다. 배낭여행객들을 위한 저렴한 숙소부터 사업차 방문하는 사업가들 또는 주요 인사들을 위한 값비싼 숙박비를 내야 하는 호텔도 있다. 홍콩에서 호텔을 사용할 경우 원화 10~20만 원 정도의 금액이면 시설 좋은 호텔을 이용할 수 있다. 홍콩 호텔은 대부분 수영장을 갖추고 있어서 여름에는 호텔 투숙객들이 무료로 이용할 수 있다. 나 홀로 떠나는 홍콩 쇼핑여행의 경우 싱글룸을 이용하면 되는데 이 경우 10만 원 안팎의 금액에서 해결 가능하다.

홍콩의 호텔에는 보증금이 있다?
홍콩의 호텔은 체크인과 동시에 투숙객들에게 보증금을 받는데, 그 이유는 룸 안에 있는 음료수 또는 전화 통신비 등에 대한 보증금으로, 룸 안에서 사용한 비용이 없으면 체크아웃할 때 다시 돌려준다.

민박비용

홍콩에서 민박을 하는 방법도 있다. 출장 온 무역회사 직원들이 주로 이용하는 방법인데, 하루 150홍콩달러 정도면 세 끼 식사까지 제공해준다. 우리나라 돈으로 2만 원이 조금 넘는 돈이다. 민박이라고는 하지만 인터넷도 되고, 각 방에 에어컨은 물론이고 샤워실까지 있다.

Best Information
HONG KONG BEST INFOMATION

팔달통 카드

참조: http://www.octopus.com.hk/get-your-octopus/en/index.html

홍콩공항에 도착하면 팔달통八達通이라고 부르는 교통카드를 구입할 수 있다. 영어로 Octopus(옥토퍼스)라고 불리는 이 카드를 충전할 때는 시내 편의점이나 각 지하철역 등에서 충전할 수 있다.

옥토퍼스 카드를 쓰면 교통수단을 이용할 때 동전 걱정을 하지 않아도 된다. 공항고속철도, 지하철, 궤도전차, 이층버스, 일반버스, 미니버스에서 다 사용할 수 있다. 뿐만 아니라 홍콩섬에서 배를 탈 때도 사용할 수 있다. 홍콩 버스는 현금을 낼 때 잔돈을 돌려주지 않는다. 버스기사가 운전에만 신경 쓸 수 있도록 배려한 방법으로 생각된다. 덕분에 버스 이동 시간도 줄어든다. 옥토퍼스 카드의 가격은 기본 150홍콩달러(약 24,000원 정도)인데, 이중 50홍콩달러는 카드 보증금이다. 교통카드를 반납하면 보증금을 돌려받을 수 있다. 만약 카드의 잔액이 부족해서 버스 요금을 못 낼 상황이 발생해도 보증금 50홍콩달러에서 35홍콩달러까지는 지불이 가능하다. 카드를 돌려주었을 때 받을 카드보증금을 미리 당겨쓰는 것과 같다. 카드 충전은 각 지하철역마다 설치되어 있는 자동기계에서 할 수 있고, 홍콩시내 슈퍼마켓 등에서도 가능한 곳이 많다. 홍콩 옥토퍼스 카드는 지하철, 버스 등의 교통요금 결제뿐만 아니라 패스트푸드점을 비롯한 옷가게 등 다양한 점포에서 할인 혜택을 받을 수도 있는 등 다양한 쓰임새를 자랑한다. 그러나 필자는 이 카드를 구입하는 대신 버스와 택시, 지하철을 이용했다. 홍콩공항에서 버스를 타고 시내에 들어가고, 시내에서 지하철을 타고 다니다가 야시장에서 호텔로 돌아올 때는 택시를 탔다. 이따금 동전이 주머니에서 딸랑거렸지만 홍콩여행에서 생긴 동전은 지하철 비용으로 모두 사용할 수 있었다.

[주의]
옥토퍼스 카드는 택시를 탈 경우 사용할 수 없다. 택시는 현금으로 지불한다. 옥토퍼스 카드는 마카오에서 사용할 수 없다.

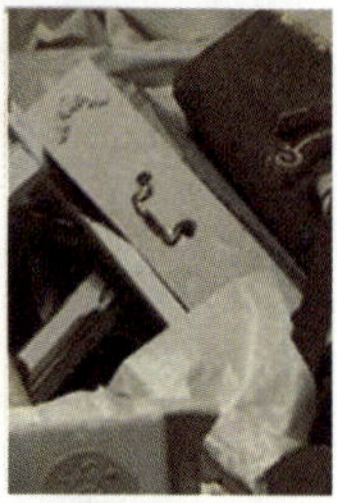

이영호의 강추정보

호텔

필자는 홍콩에서 민박을 비롯한 다양한 숙소를 경험해봤는데, 1박3일 홍콩 쇼핑여행을 계획하는 분들을 위해서라면 '마르코폴로홍콩호텔'과 '마르코폴로호텔'을 추천할 수 있다. 침사추이 주변 명품브랜드 매장이 늘어선 거리에 인접해 있을 뿐 아니라, 마르코폴로홍콩호텔의 경우 1층 출입문을 열고 나서면 바로 바닷가를 볼 수 있기도 하다. 가격은 약간 비싼 편으로, 10만 원대 후반에서 20만 원대 초반이다.

홍콩 명품 아울렛으로 떠나는 **1박 3일 홍콩자유여행**

호텔비 절감 노하우

호텔 비용을 절약하는 방법으로는 무엇보다 저렴하면서 시설이 좋은 호텔을 찾는 게 중요하다. 인터넷을 뒤지고 홍콩 여행 경험자들의 이야기를 귀담아듣는 것도 중요하다. 그 외에 홍콩 호텔비를 절약할 수 있는 아이디어를 소개한다.

비행기 예약과 동시에 현지 호텔을 예약한다
각 항공사와 현지 호텔이 제휴 관계에 있는지 살펴라. 이때 항공권과 현지 호텔을 동시에 예약할 경우 2만 원 정도의 할인 혜택을 볼 수 있다.

홍콩여행사를 통해 예약한다
인터넷을 통해 우리나라에서 영업하는 홍콩여행사들이 많다. 우리나라에도 사무실을 두고 홍콩에서 영업하는 여행사들인데, 여행객의 필요에 따라 다양한 요금제를 갖춘 홍콩 내 호텔을 확보하고 있다.
뿐만 아니라 홍콩공항에 사무소를 두고 있어서 홍콩에 도착하는 즉시 서비스를 받을 수 있으며, 홍콩공항에서 호텔까지 렌트카를 연결해주기도 한다.

세일 기간을 이용한다
홍콩엔 수많은 호텔이 있으며, 대부분 여름과 겨울 휴가철에 세계 각지로부터 방문하는 여행객들을 위해 다양한 할인 행사를 진행한다. 호텔마다 상황은 다르지만 여행사와 공동으로 투숙객 유치에 발 벗고 나서는데 15% 할인은 물론이고 심지어 70~80% 할인가를 내세우는 곳도 있다.

추가로 알아둘 사항은 홍콩 호텔은 대부분 조식을 제공하지 않는다는 점이다. 호텔에서의 조식뷔페를 좋아하는 사람이라면, 투숙하려는 호텔에 미리 문의해서 알아두는 게 좋다.

식사비

홍콩은 음식 천국이기도 하다. 엄청난 인구만큼이나 다양한 음식종류를 자랑하는 중국이기도 하고, 세계 각지로부터 방문하는 수많은 여행객들의 입맛을 맞추는 관광명소이기도 하기 때문이다.

홍콩에서 식사는 대부분 음식점을 이용하게 되는데 호텔 식당이나 고급 음식점은 가격이 상당히 높은 편이다.

일반 식당에서도 1인분 음식가격이 25~35홍콩달러, 한국 돈으로 4천~5천5백 원 정도 되는 곳이 많다. 요리점일 경우 7홍콩달러(약 1만 원) 정도이고, 그 이상 가격의 요리도 많다.

홍콩시장에서 밥 사먹기

홍콩을 여행하면서 시장에서 식사할 경우 얼마나 들까? 홍콩시장 주변 지역에서 식사를 할 경우 가격은 1인분에 5~10홍콩달러 정도 된다. 한국 돈으로 800원부터 1,600원 정도 되는 가격이다.

홍콩 명품 아울렛으로 떠나는 **1박 3일 홍콩자유여행**

끼니 횟수 및 비용 계산

자, 그럼 계산을 해보자. 1박3일 홍콩여행 일정이라면 여행 기간 동안 몇 끼를 먹게 될까?

날짜	끼니	식사장소	비용(각자계산)
첫째 날	아침 식사	집에서 해결	
	점심 식사	비행기 기내식	
	저녁 식사	홍콩시내에서	
둘째 날	아침 식사	홍콩시내에서	
	점심 식사	홍콩시내에서	
	저녁 식사	홍콩시내 또는 홍콩공항에서	
셋째 날	아침 식사	비행기 기내식	

위와 같이 식사를 총 7회 할 수 있다. 개인에 따라서 식사를 거를 수도 있고, 간단하게 해결할 수도 있다. 또는 구경하고 여행하느라 때를 놓쳐서 점심과 저녁식사를 같이 할 경우도 생길 것이다. 이와 같은 점을 감안해서 각자 식사비용을 책정해보도록 하자.

홍콩 현지가이드 비용

홍콩여행을 준비하면서 홍콩에서 안내해줄 현지 가이드를 알아보는 사람들도 있는데, 이때 현지 가이드에게 통역과 안내를 해주는 대가로 하루에 30~50만 원이나 되는 비용을 지불해야 한다. 홍콩에서 거주하는 한국인들 가운데 아르바이트로 현지 가이드를 해주는 경우가 있으며, 홍콩에서 민박집을 운영하는 한국인들이 홍콩 가이드로 나서기도 한다.

나 홍콩 왜 갔니?

그렇게 우왕좌왕 근무를 하는데, 홍콩 출장 지시가 떨어졌다. 오래되진 않았지만 회사 업무에 어느 정도 익숙해질 즈음이었다.

백화점 브랜드를 철수하고 회사 직원들이 대부분 퇴사한 이후에 청바지 회사에 식구가 늘었다. 근처 사무실에서 근무하던 직원들이 청바지 회사로 합류했고, 좁은 사무실은 사람들로 북적댔다.

내게 좋은 기회이기도 했다. 해외영업 담당으로 입사했지만 누구랄 것도 없이 모든 직원들의 업무는 공통이었다. 출근해서 해외 바이어들을 접촉하고 영업을 한 후에는 청바지 원단을 들고 공장으로 갔다. 패턴을 도우며 워싱 아이디어를 내기도 했다. 저녁 무렵엔 그날 나온 샘플을 들고 거래처 사무실을 돌며 물량을 전달하고, 바이어로부터 새로운 주문을 받았다.

저녁엔 동대문상가로 나가서 다시 주문을 받았다. 그렇게 일이 끝나면 새벽 4시, 5시. 집에 가서 옷만 갈아입고 다시 나와야 할 상황이므로 잠잘 시간을 벌고자 회사 지하 사우나로 갔다. 그렇게 잠든 후 9시 10분 전쯤 되면 사무실에서 직원들이 깨우러 왔다. 그리고 다시 또 하루가 반복되었다. 가장 재미있는 시간은 공장에서 출고할 물량을 생산하는 일을 돕는 때였다.

STYLE WITH STORY

청바지 원단을 자르고, 다듬이질 하고, 단추를 붙이고, 워싱 후가공을 했다. 핫피스라는 반짝이는 부자재를 청바지에 붙이면서 밤을 지새우기 일쑤였고, 청바지 샘플을 들고 바이어가 온다는 동대문 매장으로 가서 샘플을 선보인 후 주문을 받는 일이 이뤄졌다.

누가 먼저랄 것 없고, 누가 나중이랄 것도 없었다. 연락을 받은 사람이 바로 해야 하는 일이었다.

"이과장, 홍콩 출장준비 해."

L대표가 내게 말했다. 홍콩, 대만 등지에서 우리 회사 제품의 짝퉁이 돈다는 정보였다. 가서 거래처들을 만나고 짝퉁 때문에 피해를 보는 일을 막아야 했다. 홍콩 거래처와는 한국에서 이메일과 전화로 인사를 나눈 터였다. 홍콩출장 일정을 세우고, 간 김에 보여줄 샘플을 챙겼다.

출장 일정은 회사 업무에 손실이 적도록 토요일, 일요일을 껴서 월요일에 귀국하기로 했다. 2박3일간의 짧은 일정 동안 해야 할 일이 많았다. 출장 하루 전, 홍콩에 가져갈 샘플을 챙기자 양손 가득 가방을 끌고 다녀야 할 정도였다. 거래처랑 나눌 명함도 두둑이 챙기고, 제품을 찍을 사진기도 넣었다.

집으로 돌아오니 밤 11시가 넘은 시각이었다.

★ 전화_아이폰

홍콩여행을 갈 때 전화를 어떻게 해야 할까? 일반 휴대폰도 마찬가지지만 요즘 인기를 끌고 있는 스마트폰을 가져갈 계획이라면 크게 신경 쓰지 않아도 되겠다. 스마트폰을 사용할 경우 홍콩에서 전화기를 켜는 순간 자동으로 홍콩전화기가 되므로 사용이 간편하다.

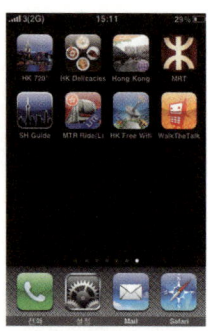

아이폰을 홍콩에서 켜면 자동으로 홍콩 통신망에 접속한다. 한국에선 SHOW로 표시되는 부분이 홍콩에선 지역에 따라 3(2G) 또는 CSL로 표시된다.

어플리케이션은 홍콩에 관한 것들로 가득한데 한국에서 미리 받아뒀던 것들이다. 홍콩의 관광지, 홍콩의 지하철, 홍콩의 와이파이 지역찾기 등의 어플리케이션들이다.
어플리케이션을 실행하고 FIND ME를 누르면 홍콩에서 현재 내 위치를 알려주는 표시를 찾을 수 있다.

아이폰과 함께한 여행

필자의 경우, 홍콩에서 아이폰으로 동영상을 촬영하고 사진도 찍었다. 게다가 홍콩 현지에서 아이폰 전화 기능도 사용했다. 배터리 소모가 많은 아이폰을 들고 다니며 사진을 찍으려면 반드시 배터리 소모량을 체크해야 하는 수고를 감내해야 한다.
홍콩에 도착할 때까지는 최대한 아이폰 배터리를 아끼자. 여행 간다는 들뜬 기분에 카메라를 연신 누르다 보면 비행기에 아직 타지도 않았는데 배터리가 아주 조금만 남아 있을 수 있다.

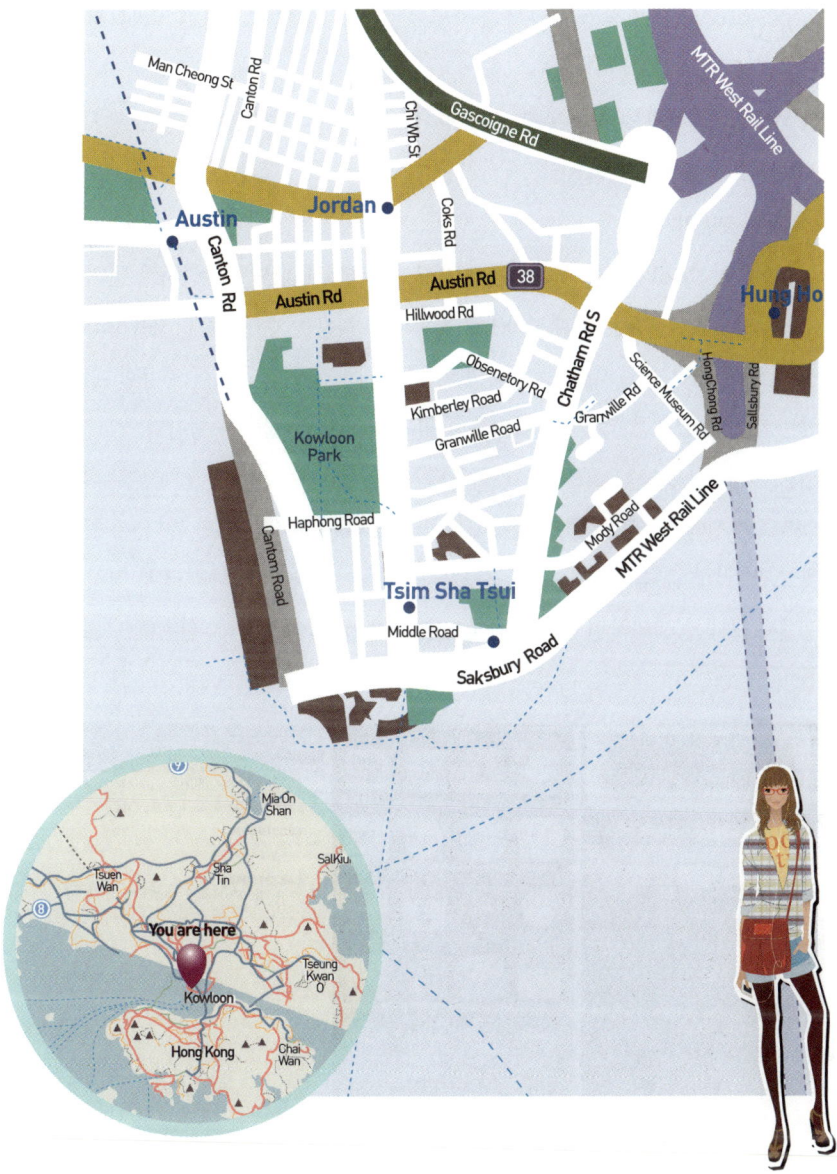

그러나 아이폰 하나 들고 떠난 홍콩여행을 그려볼 때 멋진 추억과 스마트한 재미까지 안겨준 경험이었다.
그 이야기를 이 책을 통해 공개한다.

스마트폰 로밍하기

스마트폰이 아니라 일반 휴대폰을 가지고 있다면 해당 이동통신사로 문의 해보자. 내가 사용하는 휴대전화기로 홍콩에서 사용할 수 있는지, 사용하려면 어떻게 해야 하는지를 말이다. 만약 휴대전화기가 홍콩에서 사용할 수 없는 기종이라면 공항에서 전화기를 바꿔서 나가야 할 경우가 생긴다.

스마트폰 사용자라면 홍콩에 착륙해서 전원을 다시 켜기만 하면 된다. 홍콩에 도착해 아이폰을 켜는 순간 문자메시지가 들어온다. 우리나라 정부 영사관에서 보내는 재외국민 안전업무에 대한 내용이다.

필자의 경우 아이폰과 휴대폰을 두 개 모두 들고 홍콩에 도착했다. 휴대폰은 국제로밍 기능이 있는 기기였기 때문에 공항에서 기기 교환을 하진 않았다. 스마트폰 문자메시지엔 재외국민의 안전을 담당하는 영사관에서 연락처를 보내온 것 외에 홍콩에서 국제전화를 사용하는 방법 등의 내용이 적혀 있다.

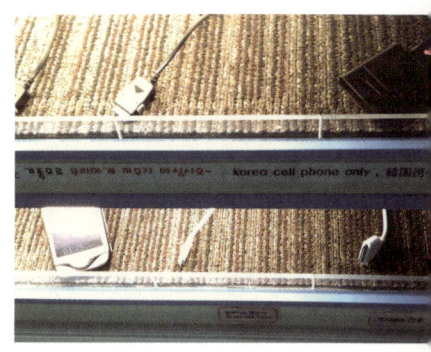

공항에서는 생각만큼 전원충전이 쉽지 않은데, 휴대폰을 가지고 해외여행을 떠나는 분들은 공항에 마련된 '무료 충전세트'를 사용할 수 있다. 국내산 휴대폰 모델뿐 아니라 아이폰도 충전할 수 있다. 그렇다면 충전세트가 모두 사용중일 때, 아이폰 배터리를 충전할 방법은 없을까? 물론 있다. 휴대폰 무료 충전기 옆 전원 콘센트를 이용하면 된다. 또는 인터넷 카페에서 컴퓨터를 사용할 때 아이폰의 USB 케이블을 컴퓨터와 연결해두면 충전된다.

비행기 탑승 전에 인터넷을 사용하고 싶을 경우 공항에 마련된 인터넷카페를 이용할 수 있다.

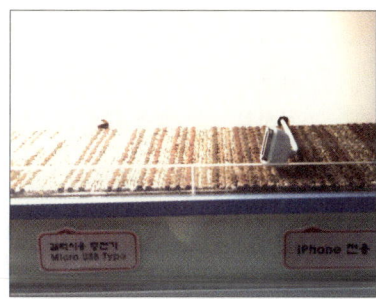 

인터넷카페

Daum과 Naver에서 마련한 카페가 있는데, 이 인터넷카페를 사용하려면 최소 3,000원짜리 이용카드를 사야 한다. 다음에 또 사용할 수 있는 카드라고 하더라도 카드 구입이 망설여지는 아이폰 소지자들은 카페 옆에서 와이파이를 통해 인터넷 사용이 가능하다.

휴대폰의 경우 기능설정 메뉴에서 '국제자동로밍' 기능을 선택, 홍콩은 A지역 로밍을 설정해두기만 하면 된다. 휴대폰이 꺼졌다가 다시 켜지는데 이때부터는 한국에서 사용이 불가능해진다. 홍콩에서 전원만 켜면 홍콩 전화기로 사용할 수 있다.

홍콩에서 한국으로 전화 걸기

홍콩에서 전화를 걸 때는 갖고 간 휴대폰이나 스마트폰을 사용할 수도 있고, 거리 곳곳에 설치되어 있는 공중전화를 이용할 수도 있다.

홍콩의 국가번호는 852번, 한국의 국가번호는 82번이다. 그리고 서울 지역번호는 02번이다. 그럼 홍콩에서 서울로 전화를 걸려면 어떻게 해야 할까? 홍콩에서 국제전화를 걸 때는 번호 앞에 국제전화 접속번호 001을 붙이면 된다. 예를 들어, 홍콩에서 서울로 전화를 걸려면 001-82-2-***-****식으로 누르면 된다.

서울에서 홍콩으로 전화를 걸 때는 국제전화 접속번호를 누른 후 852를 누르고 홍콩 전화번호를 누르면 된다. 홍콩 공중전화를 이용해 수신자 부담으로 서울로 전화를 걸 경우, 통화를 누른 후 00-96-0082 또는 800-96-008, 또는 800-93-008 번을 누르고 걸고자 하는 번호를 누른다.

홍콩 명품 아울렛으로 떠나는 1박 3일 홍콩자유여행

국제전화카드

스마트폰 등의 휴대폰이나 공중전화를 이용하는 방법 외에도 '국제전화카드'를 사용할 수도 있다. 국제전화카드란 홍콩에서 외국으로 전화를 걸 때 미리 충전해둔 금액 한도 내에서 저렴하게 국제전화를 하는 방법이다.

국제전화카드는 출국 전에 구입 가능하며, 인천공항 등에서 판매한다.

Best Information
HONG KONG BEST INFOMATION

스마트폰으로 인터넷전화 사용하는 방법

한 가지 알아둘 만한 정보가 있다면 홍콩에서 와이파이통신이 지원되는 곳에서 스마트폰으로 인터넷전화를 사용하는 방법이다. 스마트폰에서 스카이프Skype 등의 인터넷전화 어플리케이션을 실행시키고 와이파이 통신이 지원되는 곳에서 전화를 건다.

홍콩시내에 공중전화가 있는 곳은 와이파이WiFi의 부채 모양이 그려진 스티커가 붙어 있다. 와이파이는 인터넷 데이터통신 등을 무료로 사용할 수 있는 통신망이다.

홍콩시내에서
쇼핑할 목록

홍콩시내에서 쇼핑해야 할 상품은 다시 지역별로 나뉜다. 일단 명품매장, 명품 아울렛매장, 패션도매상가, 홍콩 밤거리 야시장 등으로 나눠둔다.

명품매장에서 쇼핑할 상품은 자신에게 어울리는 아이템으로 트렌드에 뒤처지지 않는 인기 아이템으로 정한다. 한 번 사두면 두고두고 만족할 수 있는 상품이 좋겠다.

명품아울렛매장에선 현재의 트렌드상품보다 예전에 인기를 얻던 디자인의 상품을 고르는 게 좋다. 유행은 돌고 돌기 때문에 지금 당장은 유행이 아니라서 아울렛매장에서 판매될지라도 얼마 지나지 않아 다시 유행이 돌아오면 큰 효과를 얻을 수 있다.

패션도매시장엔 중국 등 근접 국가에서 만들어진 상품들이 판매된다. 미국, 유럽 등으로 수출할 상품도 있고 베트남, 말레이시아, 인도네시아 등으로 수출할 상품도 무수히 많다. 가장 인기 있는 디자인의 상품들이 매주

홍콩 명품 아울렛으로 떠나는 **1박 3일 홍콩자유여행**

새롭게 진열되는데 이곳에선 예쁜 상품을 모두 사기보다는 각 아이템 별로 트렌드에 뒤처지지 않으면서 필수 아이템별로 쇼핑하도록 한다.

이곳의 특징은 매주 새로운 상품이 쏟아져 나온다는 점이다. 오늘 산 상품이 다음주면 사라지고 또 다른 신상품이 나온다. 게다가 어떤 아이템이 인기 있다고 하면 바로 옆 가게, 앞 가게에서 똑같은 상품을 저렴한 가격에 판매하는 곳이기도 하다. 쇼핑의 노하우가 필요하다.

홍콩 야시장에선 좋은 상품을 쇼핑한다기보다는 야시장을 구경하고 색다른 여행을 즐긴다는 가벼운 기분으로 나서는 게 좋다. 야시장 골목 곳곳엔 야식으로 먹을 만한 맛난 음식을 파는 식당도 많다.

야시장 골목에 양옆으로 늘어선 가게들 사이를 걷다 보면 웃음 짓게 만드는 상품도 보이고 재미있는 아이디어 상품도 눈에 띈다. 홍콩여행의 장점은 바로 이런 즐길 거리를 찾아 나설 수 있다는 점도 크다.

★ 쇼핑 목록 작성

이번엔 쇼핑목록을 정하는 단계다. 홍콩에 가면 눈앞에 펼쳐진 수많은 상품들로 인해서 자칫하다간 씀씀이가 커질 수 있다. 꼼꼼히 계획을 세우고 가더라도 예산 범위를 초과하는 쇼핑을 할 수도 있다는 뜻이다.
이런 일을 방지하려면 홍콩에서 쇼핑할 상품목록을 미리 정해두는 게 합리적인 경제생활을 하는 방법이다.

홍콩에서 쇼핑할 물건은 우선 장소로 구분한다.
구체적인 상품도 잘 모르고, 홍콩여행을 가본 적 없는 초보 여행자일 경우엔 더욱 주의해야 한다. 쇼핑장소는 크게 홍콩시내와 홍콩면세점으로 구분하고, 시내 도보여행을 할 때 만나게 되는 호감 가는 상품을 쇼핑할 수 있도록 여윳돈도 생각해두자.

홍콩공항에서 귀국할 때 쇼핑목록
1박3일 홍콩여행에서 쇼핑은 홍콩공항면세점에서 끝난다. 짧은 여정으로 생각하고 하룻밤 사이에 이런저런 물건을 다 사버리면 정작 홍콩공항에서 비행기 탑승하기 전에 만나게 되는 면세점 상품은 빠트리게 된다.
홍콩공항은 대단히 넓고 조밀하게 상점들과 식당을 연결해두고 있다. 홍콩공항에 들어선 순간 여행객들은 이리저리 거닐면서 마치 홍콩시내에 아직 머물러 있는 기분을 느끼게 된다. 음식점들, 쇼핑상점들, 곳곳에 보이는 BR들이 그렇다.

홍콩공항 면세점에서는 홍콩기념품 위주로 간단한 상품을 구입하되 가능한 충분히 쉴 수 있는 장소를 확보하는 게 필요하다. 1박3일 홍콩여행은 좁은 비행기 좌석에서 하룻밤을 자는 불편을 감수해야 하기 때문이다.

돌아오는 비행기의 좌석에 여유가 있다면 승무원에게 미리 말해두어 남는 좌석을 알려달라고 해두는 게 좋다. 탑승이 완료되고 승무원이 남는 좌석을 알려주면 그곳으로 가서 앉도록 한다. 기내식을 마치고 잠을 청할 때 비어 있는 옆좌석까지 이용할 수 있어서 좋다. 운이 좋으면 의자 4개가 이어 붙여진 곳에서 비행기 좌석 팔걸이를 다 올린 채 누워서 잠을 잘 수도 있다.

★항공권 예약하기

자, 이제 홍콩여행을 위해 여권도 만들고 경비까지 준비했다면 비행기 좌석을 예약하도록 하자. 한국에서 홍콩으로 가는 비행기는 많다. 내게 맞는 일정을 골라서 여행사를 통해 비행기를 예약하는 과정을 소개한다.

여행일정 계획-홍콩 날씨, 홍콩 축제

먼저 1박3일간의 짧은 여행이라 하더라도 내가 머무는 기간 동안의 홍콩 날씨와, 여행기간 내에 열리는 홍콩 축제가 있는지 알아두도록 한다. 홍콩은 1년 내내 눈이 내리지 않는 기후로 인해 우리나라보다 따뜻한(?) 곳이지만, 가을이나 겨울엔 홍콩도 다소 쌀쌀하다. 날씨를 착각해서 무작정 더운 곳이겠거니 생각한다면 큰코다칠 수 있다. 더운 지역에서 조금 덜 더운 기간 동안은 생각 외로 춥다고 느끼는 사람들이 많다.

홍콩의 축제는 홍콩관광진흥청(http://www.discoverhongkong.com/kor/)에서 연중 수시로 확인할 수 있다.

홍콩의 페스티벌 기간

홍콩은 여름과 겨울에 페스티발 기간을 정해두고 평소 가격보다 더욱 저렴한 세일가격으로 판매한다. 여름에는 6월 중순부터 8월 말일까지이며, 겨울은 12월 한 달간 진행된다. 특히 홍콩의 겨울 페스티벌에서는 새해를 알리는 카운트다운 행사도 벌어져 세계 각국으로부터 온 여행객들에게 더 큰 즐거움을 준다.

비행기 가격 알아보기

비행기 요금은 해당 항공사 홈페이지에서 직접 확인하는 방법도 있으나 가능하다면 인터넷을 통해 여러 여행사 사이트를 동시에 알아보도록 하자. 항공사 사이트에서는 특별한 이벤트 기간이 아니라면 대부분 정해진 항공권 가격만 공개하고 있다. 많은 여행사들이 다양한 여행상품 및 저렴한 항공권을 제공하고 있는데, 무엇보다도 중요한 건 여행하려는 자신이 계획을 세울 때부터 많은 정보를 찾아보는 게 중요하다. 여행사마다 다르지만 홍보를 위한 목적으로 낮은 가격에 항공권을 판매하는 곳도 있으며, 현지에서 쇼핑가이드를 해주며 현지 업체로부터 수수료를 받는 대신 한국에서 들어가는 여행객에겐 비행기 요금을 낮춰주는 경우도 많다.

공항에서 티켓 구입하는 요령

항공권 예약은 출발하기 전에 미리 여행사를 통해 예약하는 게 경제적인데, 피치 못할 사정으로 공항에서 직접 티켓을 구입할 경우가 있다. 이 경우라도 공항의 항공사 카운터로 직접 찾아가지 말고, 공항에 사무소를 두고 영업하는 여행사 사무실을 먼저 찾아가서 항공권 가격을 문의하는 게 좋다.

http://ahyoung.egloos.com/

홍콩 명품 아울렛으로 떠나는 1박 3일 홍콩자유여행

비행기 좌석등급 정하기

같은 비행기라도 창문 옆 좌석이 있고, 복도 쪽 좌석이 있다. 화장실 옆 좌석도 있는가 하면, 비상문 옆 좌석도 있다. 뒷좌석은 비행기 엔진 소리가 시끄러운 반면, 비행기 앞좌석은 날개와 가까워서 창밖 풍경을 제대로 감상하기 어려울 때도 있다.

비행기표를 예약하면서 좌석등급을 함께 결정해 여행사 직원에게 알려줘야 한다. 1등석은 퍼스트클래스First Clas이고, 2등석은 비즈니스 클래스Busines Clas, 3등석은 이코노미 클래스Economy Clas이다.

일반 여행객들은 보통 이코노미클래스를 이용하는데, 비행기 크기에 따라 좌석 배치가 3-4-3 또는 2-3-2 구조로 되어 있다. 3-4-3 구조란 비행기 양옆 창가 쪽으로 3개씩 좌석이 있고, 비행기 가운데로 4개의 좌석이 있는 걸 말한다. 이코노미클래스 가격과 비교할 때 비즈니스클래스는 2배 정도, 퍼스트클래스는 3~4배 정도가 비싸다. 비즈니스클래스는 기내식으로 고급 와인이 제공되며 편안한 비행을 위해 슬리퍼까지 준비되어 있다.

뿐만 아니라 항공사들의 적극적 고객유치 전략에 의해 비행기 기종이 고급화될수록 일부 퍼스트클래스의 경우 비행기 좌석이 완전히 뒤로 젖혀져서 침대처럼 누운 자세로도 이용이 가능하다.

여행자보험 가입 결정하기

여행자보험은 여행하는 도중에 몸이 아프거나 하는 등의 사고에 대해서 병원 치료비 등을 보장해주는 보험으로, 우리나라에서는 1975년 5월 1일에 처음 김포공항에 문을 열었다. 국내 또는 국외로의 여행기간 또는 한두 달

정도의 짧은 기간을 보장하는데, 비행기표를 예약할 때 여행사 직원들에게 맡기는 경우가 대부분이다. 그러나 보험사별로 보장조건 등이 대부분 다르므로 여행사 직원에게 보험증권이나 보험조건 등을 미리 알려달라고 해서 철저하게 비교해본 후 가입하는 게 좋다.

좌석 정하기

해외여행이 처음인 경우라면 비행기 창가 쪽 좌석을 추천한다. 아무래도 첫 여행에서는 마음껏 하늘을 구경해보는 것도 잊을 수 없는 여행의 추억이다.

그러나 조용히 홍콩 관련 정보를 읽거나 책을 보고 싶다면 비행기 가운데 좌석을 택하되, 그중에서도 특히 통로 쪽 좌석을 추천한다. 비행기 가운데 좌석의 안쪽 자리는 갑갑하고 화장실을 가고 싶을 때 바깥으로 나오기가 불편하다. 옆좌석의 사람이 잠을 자고 있다면 깨워야 하고, 기내식을 먹는 시간엔 자리에서 일어서기가 곤란하기까지 하다.

비행기 날개 쪽 좌석이나 비행기 뒷좌석은 피하도록 한다. 비행 중에 들리는 엔진 소리가 귀에 거슬릴 수 있다. 몸집이 큰 사람이라면 좁은 이코노미 좌석에서 다리를 펴기가 곤란할 수 있으므로 가능하다면 승무원 앞좌석, 비상구 근처 자리에 앉도록 한다. 좁은 이코노미 좌석이지만 비상구 근처는 공간이 비교적 넓어서 다리를 펴거나 몸을 움직이는 게 편리하다.

이영호의 강추정보

인터넷 여행사 사이트

항공권 가격은 인터넷의 여행사 사이트를 통해 알아볼 수 있는데, 필자는 인터넷여행사 '투어익스프레스(http://www.tourexpress.com/)'와 탑항공(http://www.toptravel.co.kr/)을 소개한다. 인터넷여행사 투어익스프레스는 인터넷 기반의 여행사이기 때문에 여행사 사무소를 두고 직원을 고용해 영업하는 다른 여행사와 다르게 다소 저렴한 가격에 항공권을 제공한다. 탑항공은 우리나라에서 해외여행을 다녀본 사람들에게 널리 알려진 곳으로서 업무차 출장 또는 개인여행을 다니는 여행자들을 위한 다양한 이벤트가 많다.

인터넷항공사 투어익스프레스
(http://www.tourexpress.com/)

탑항공 (http://www.toptravel.co.kr/)

항공사 마일리지를 쌓아야 하는 이유

이번 홍콩여행이 1회 여행에 그칠 것이 아니라면 앞으로 이용할 항공사를 정해두는 게 좋다. 각 항공사별로 단골손님을 위한 혜택을 제공하는 경우가 많으므로 특정 항공사를 정해두고 이용하자.

필자의 경우는 아시아나항공을 정해두고 이용하는데 멤버십 카드를 만들어 이용하다 보니 어느새 실버회원을 거쳐 누적 탑승횟수 56회 이상, 누적 마일리지 5만km 이상의 골드회원이 되었다. 그래서 티켓을 발권할 때 다른 여행객들처럼 줄을 서지 않아도 된다. 평소에 시간이 넉넉한 상황에서 상관없으나 공항에 도착한 시간이 늦어 비행기 탑승수속이 급할 때는 항공사 우대회원인 게 얼마나 다행인지 모른다.
탑승할 때 좋은 점도 있는데 다른 여행객들보다 먼저 탑승할 수 있고, 공항 라운지도 이용할 수 있다. 비행기 탑승 시간이 여유가 있을 경우엔 탑승게이트 근처 항공사 라운지에 들러 신문도 보고 인터넷도 하며 간단한 음식도 즐길 수 있다. 누적 마일리지 1만km 이상인 다이아몬드 회원이 되면 아마 더 많은 회원 혜택이 주어지게 될 것이다.

이밖에도 특정 항공사의 회원으로 가입한 사람의 경우, 미리 쌓아둔 마일리지가 있을 때는 항공권을 예약할 때 여행사 직원에게 말해서 좌석 승급을 받을 수도 있다. 일정한 마일리지가 넘을 경우 이코노미 클래스를 예약하더라도 같은 금액으로 추가부담 없이 마일리지를 사용해서 비즈니스클래스 좌석에 탑승할 수 있다.

예약 확약

항공권을 예약했다면 여행사 직원에게 좌석 오케이OK인지, 컨펌Confirm되었는지를 확인한다. 지금은 그렇지 않지만, 예전엔 비행기 좌석을 예약했는데도 항공사로 재확인해두지 않으면 갑자기 좌석이 다른 사람에게 넘어가버리거나 하는 경우도 많았다.

때로는 웨이팅Waiting이라고 해서 대기좌석이 나오는 경우도 있다. 비행기 좌석을 예약하려는 날짜에 여행객이 밀려서 좌석이 부족한 경우를 말한다. 비행기 좌석보다 많은 여행객이 신청할 경우 항공사에서는 대기자를 지정해서 비행기 출발 당일 공항에 나오지 않는 여행객 대신 대기자 순서대로 탑승을 시켜주기도 한다.

항공요금 청구서 받기

원하는 날짜에 비행기 좌석 예약이 이뤄지면 여행사 직원은 여행객의 이메일 또는 팩스 등으로 청구서를 보내준다. 청구서를 받으면 금액을 확인하고 여행사가 알려준 은행계좌로 송금해준다. 만약 전화로 예약한 게 아니라 여행사를 방문해서 비행기 좌석을 예약했다면 요금을 결제한 후 '입금증'을 받아둔다.

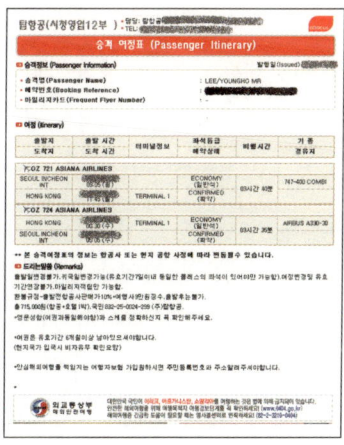

비행기 요금은 성수기, 비수기에 따라 다르고 좌석 등급에 따라 다르며, 여행사들의 이벤트 종류에 따라서도 다르다. 앞으로 여행을 많이 할 계획이라면 자신이 원하는 항공사와 여행사를 지정해두고 오래 거래하는 게 좋다.

★ 전자티켓 받기

비행기 요금 결제가 끝나면 여행사는 항공사로부터 비행기 티켓을 받아서 여행객에게 전달해준다. 이제 비행기 티켓을 받아보자.

비행기 티켓 받기

비행기 요금을 결제하면 여행사가 항공사에게 요금을 건네주고 티켓을 받는다. 이 티켓(비행기표)을 여행객에게 다시 전달해주는데, 이메일을 사용할 경우 메일로 보내오고 팩스 등을 통해서도 전달해준다.

비행기 티켓을 받은 여행객은 출발일 전에 반드시 프린터로 출력해야 한다. 공항에 나가면 탑승권을 발권해주는 곳에 가서 항공사 직원에게 여권과 비행기 티켓을 같이 보여줘야 하기 때문이다.

비행기 티켓 보관

여행사로부터 비행기표를 받았다면 여권의 뒷장에 잘 끼워서 보관해두는 게 좋다. 그래야 공항에 갈 때 잊지 않고 여권과 동시에 챙길 수 있기 때문이다.

지금 같아선 공항에 나가면서 여권이나 비행기표를 안 가져가는 사람이 어디 있느냐고 생각할지 모른다. 그러나 비행기 시각에 맞춰 서두르느라고 그랬는지 모르지만, 공항에 나가보면 비행기표나 여권을 가져오지 않아서 집으로 허둥지둥 다시 돌아가는 사람들이 의외로 많다.

집으로 다시 가서 표를 가져올 수 있는 여유가 있다면 괜찮지만, 그렇지 않을 경우 시간 안에 도착하지 못해 비행기를 못 타는 경우도 종종 생긴다. 여권과 비행기표는 받자마자 잘 보관해두는 게 좋다.

2 비행기 탑승
PLANE BOARDING

비행기 탑승구 앞에서 기다리다 보면, 유리창 밖으로 비행기가 보인다. 미리 들어와서 여행객들을 기다리는 비행기도 있고 탑승 시각에 맞춰 도착하는 비행기도 있다.

그 이유는 홍콩처럼 가까운 거리일 경우, 오전에 홍콩으로 출발해 서울로 돌아오는 여행객들을 태우고 다시 한국으로 오는 비행기들이 있기 때문이다.

이때 비행기는 내가 기다리고 있는 탑승구 앞까지 와서 태워온 여행객들 먼저 내보내게 된다. 비행기에서 여행객들이 내린 후 승무원들이 비행기 안을 정리정돈하고 나서야 다시 여행객들을 맞이하게 되는 것이다.

★ 비행기 탑승

비행기에 탈 때는 비행기 좌석등급 순서대로 탑승한다. 항공사 직원에게 받은 비행기표를 내밀면 탑승기록 장치에 넣어 표를 잘라낸 후 작은 조각을 승객에게 다시 건네준다.

퍼스트클래스와 비즈니스클래스 여행객들이 먼저 들어가고, 나중에 이코노미클래스 승객들이 들어간다. 퍼스트클래스와 비즈니스클래스 여행객들은 비행기 앞부분에 마련된 넓은 좌석을 이용하게 된다. 단, 이코노미 좌석일지라도 승무원 앞자리는 다른 좌석보다 공간이 넓다. 이런 정보는 해외여행의 노하우라고 할 만하다. 공항에 도착해서 비행기표를 발권할 때 항공사 직원에게 비상구 쪽 좌석을 달라고 하자.

★ 탑승권

비행기 안으로 들어서면서 갖고 있는 탑승권을 승무원에게 보여주고 좌석을 확인한다.

★안전벨트

비행기 좌석에 앉은 후 안전벨트를 맨다. 비행기가 멈춰 있을 때는 상관없으나 비행중일 때는 좌석에 앉아 있는 경우 반드시 안전벨트를 매야 한다. 순탄하게 비행하는 비행기일지라도 급작스런 기류 이상으로 인해 흔들릴 때가 생기는데 이런 경우 몸이 많이 흔들릴 수 있기 때문이다.

★소화물 위치

탑승수속을 할 때 부치지 않고 비행기로 들고 온 짐은 좌석 머리 위 수납공간에 넣어둔다. 만약 크기가 맞지 않거나 노트북컴퓨터 같은 기기일 경우 좌석 아래 발 주위의 공간에 넣어둬도 된다.

★좌석 제공물품

비행기 안으로 들어오면 신문이나 잡지 등의 읽을거리가 있다. 각 좌석에는 등받이로 사용하거나 베개로 사용하는 쿠션과 담요가 있다. 담요는 야간비행 때 이불로 사용할 수 있으며, 비행기 고도가 높아질 경우 약간 추운 기운을 느낄 수 있으므로 이때 몸을 덮는 데 사용한다.
비행기 안에서는 간단한 음료수나 신문 등을 승무원에게 요청할 수 있다.

각 좌석에는 1인용 조명을 켤 수 있는 스위치 버튼이 있고, 기내식이 제공될 때 식판으로 사용하거나 책을 읽을 때 테이블로 사용할 수 있는 받침대가 좌석 옆 팔걸이 덮개 아래에 있다.

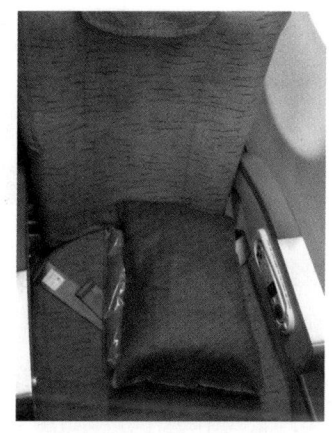

승무원의 도움이 필요한 경우에는 좌석에 설치된 승무원 호출버튼을 누르면 된다. 그런데 체격이 큰 사람의 경우 이따금 승무원 호출버튼이 저절로 눌러지는 바람에 자기 앞에 승무원이 나타났는데 왜 왔는지 이유를 모른 채 서로 그저 바라만 보게 되는 웃지 못할 일도 생긴다.

좌석에 앉게 되면 승무원이 헤드폰을 가져다준다. 헤드폰은 좌석에 설치된 이어폰 홈을 통해 음악을 듣거나 TV를 볼 때 사용할 수 있다.

★ 기내식

비행기가 이륙하고 비행기 기장의 인사말이 끝난 후 비행이 일정하게 안전한 상태가 되면 기내식이 제공된다. 기내식은 물, 주스 등의 음료수, 육류 요리 또는 채소 요리, 디저트, 빵 등이 제공되는데, 다른 음료수가 필요할 경우 승무원에게 와인이나 맥주, 콜라 등의 음료수를 요청할 수 있다.

만약 채소만 식사하는 채식주의자일 경우라면 승무원에게 미리 이야기해서 채식 메뉴를 서비스받을 수 있다.

식사를 마치게 되면 커피 또는 차가 서비스된다. 승무원들이 기내식을 치워주는데 이때 식사는 마치더라도 콜라, 주스, 와인, 맥주 등의 음료수는 추가 요청할 수 있다.

★ 비행기에서 해야 할 일

기내식까지 마친 후 나머지 비행시간 동안엔 『홍콩명품아울렛으로 떠나는 1박3일 홍콩자유여행』을 다시 읽어두면 좋다. 물론 다른 잡지나 신문을 읽어도 되지만, 1박3일 홍콩여행 기간은 다소 촉박한 일정일 수 있으므로 3시간 남짓 소요되는 비행시간을 최대한 이용하는 것도 알뜰한 여행 상식일 것이다.

홍콩은 중국의 영토이지만 영어로도 의사소통이 된다. 쇼핑을 염두에 두고 필요할 수 있는 기초 중국어, 기초 영어를 외워두도록 하자.(부록 5, 6 참고)

★ 비행기 화장실

비행기 화장실은 비행기 가운데 통로 쪽에 있다. 비행기 기종에 따라서 비행기 가운데와 뒤 양옆에 있기도 하다. 비행기가 이륙할 때와 착륙할 때는 화장실을 이용하면 안 된다. 이착륙 시에 생길 수 있는 돌발 상황에 승객의 안전이 위험할 수 있기 때문이다. 화장실에 비치된 비품은 화장지, 로션, 칫솔(장거리 여행일 경우) 등이다. 경우에 따라서 면도용 화장품을 비치해두기도 한다. 비행기 화장실은 밀어서 열리는 구조이고, 안에 들어가서 문을 걸면 사람이 있다는 표시등이 켜진다.

★ 비행기에서 가능한 일들

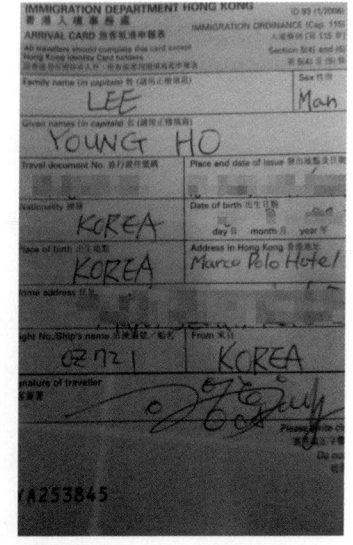

비행기가 이착륙할 때를 제외하면 비행기 안에서 스마트폰 사용은 물론 노트북 컴퓨터를 사용해 서류작성 등의 업무와 간단한 게임도 가능하다. 지루한 비행이 되지 않도록 각자가 계획을 세워두는 게 필요하다.
홍콩공항이 가까워지면 승무원들이 입국서류를 나눠준다. 입국신고와 출국신고를 같은 종이에 할 수 있도록 손바닥

만 한 종이에 입국내용을 작성하면 뒷장의 출국신고서에도 기본 내용이 옮겨 적혀진다. 이 서류는 홍콩 입국심사대에서 여권과 함께 보여줘야 하므로 잘 보관한다.

비행 중에 창밖 구경을 해도 좋고, 카메라가 있다면 비행기 창을 통해 하늘 풍경을 찍어도 좋다. 또는 승무원들에게 요청해서 쇼핑을 할 수도 있는데, 면세점과 마찬가지로 세금을 뺀 가격에 쇼핑이 가능하다.

비행기 기내에서 쇼핑을 할 때는 쇼핑목록을 훑어보고 승무원에게 주문하면 된다. 면세점보다 싼 물건을 발견할 때도 있다. 비행기에서 구입한 상품은 보통 승무원이 바로 갖다 주는데, 기내에 상품이 없을 경우에는 착륙한 후에 공항에서 받을 수 있다. 주문과 동시에 택배 요청을 하면 알려준 주소로 직접 배달해주기도 한다.

비행기에서 화장실 가기가 쉽지 않네?

아침 일찍 집을 나서 공항에 도착하니 많은 사람들이 보인다. 즐거운 표정이 가득한 얼굴로 여행을 떠나는 사람들도 있고, 귀국하여 가족들과 만나는 사람들도 있었다. 나는 공항을 둘러보며 홍콩 거래처에게 전해줄 한국 기념품을 골랐다.

요즘은 비행기 안이 금연이지만 당시만 하더라도 비행기 뒤쪽으로 흡연좌석이 있었다. 뒷좌석에서 담배를 피우던 사람들을 피해 나는 스튜어디스의 앞자리, 비행기 비상구 옆자리에 앉았다. 비행기를 타기 전에 티켓을 발권 받으면서 지상요원에게 요청해둔 자리였다.

비행기에서 주는 기내식을 맛있게 먹고 와인을 마시고, 덤으로 맥주까지 마셨다. 물론 공짜다. 비행기 요금에 다 포함된 것이겠지만 말이다. 경우에 따라선, 기내식을 추가로 요청하면 더 먹을 수도 있다고 한다. 다른 승객이 식사를 하지 않았거나 할 경우, 남는 기내식이 있을 수 있기 때문이다. 그러나 일반적으로 기내식은 승객수에 맞춰 비행기에 싣기 때문에 한 사람이 2, 3인분의 기내식을 차지할 순 없다고 한다.

비행기 좌석은 좁다. 사람마다 다르겠지만 적어도 내겐 결코 넓지 않다. 게다가 여러 사람이 앉는 이코노미좌석에서 화장실을 사용하려면 다른 사람이 식사를 마칠

STYLE WITH STORY

때까지 기다렸다가 작은 테이블을 들게 하고 빨리 빠져나가야 한다. 화장실에 들렀다가 다시 내 자리로 올 때도 역시 같은 코스를 다시 지나야 했다.

이래저래 난감하다. 처음 보는 사람 앞을 지나야 하는데, 엉덩이를 내밀거나 배를 들이밀며 지나야 하기 때문이다. 이코노미석을 이용할 때마다 돈을 더 벌어 꼭 비즈니스석을 이용하겠다고 다짐하곤 했다.

나는 비행기에 탈 때 수첩과 여권을 소지하는 습관이 있다. 여권은 볼펜 한 자루와 함께 상의 주머니에 넣고, 수첩은 간이테이블 위에 올려두고 계획을 세우거나 이런저런 아이디어를 적는 정리노트로 사용한다.

창가 쪽 좌석에 앉으면 구름이나 비행기 밖 풍경을 감상할 수 있는 장점이 있지만 식사할 때나 화장실을 갈 때 불편한 단점도 있다. 그래서 비행기 여행을 많이 한 사람들은 주로 통로 쪽 자리에 앉는다. 화장실 가기도 편하고, 다리 한 쪽은 통로에 살짝 내놓아도 이상 없다.

장거리 여행을 할 경우 너무 오래 앉아 있어 지치면 비행기 통로에 서 있거나 잠시 걷기도 하면서 피로를 관리한다. 만약 장거리 비행으로 인해서 비행기에서 자야 할 경우라면 되도록 승객이 적은 날을 택해 이코노미 좌석 가운데에 앉도록 한다. 승객이 적은 날엔 이코노미 좌석 몇몇 곳이 비어 있기도 하는데, 이때 비어 있는 좌석으로 가서 팔걸이를 위로 세우면 훌륭한 간이침대 역할을 해내는 공간이 되니 말이다. 비행기 여행은 이래저리 피곤한 시간이니만큼 피로해지지 않도록 주의해야 한다. 승무원들에게 물이나 음료수를 요청해 마시도록 하자.

비행기 창밖으로 보이는 이국의 신기한 풍경과
여행에 대한 기대로 가슴이 부풀어오른다.

1박3일 홍콩 명품아울렛 쇼핑, 이제 시작이다.
START

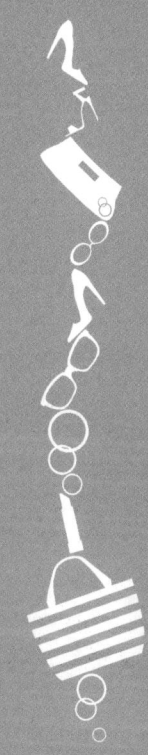

HONG KONG LUXURY SHOPPING

1박3일 일정이란 귀국하는 비행기에 하룻밤을 자야 한다는 조건이 있다. 따라서 명품 쇼핑은 오늘 하루 호텔까지 오면서 구경하고, 홍콩에 온 첫날인 만큼 호텔 체크인 후 저녁 식사 전까지는 밖으로 너무 피곤하게 다닐 필요 없다는 뜻이다.

TWO

홍콩 도착하기

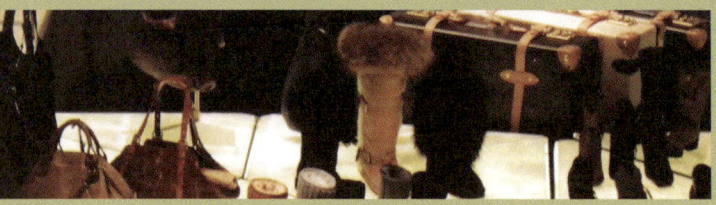

★ 비행기 착륙

비행시간이 30여 분 남게 되면 기장의 안내방송이 나온다. 곧 홍콩공항에 도착할 것이며 우리 항공사를 이용해주셔서 감사하고 즐거운 홍콩 여행이 되시기를 바란다는 이야기가 끝나면, 점점 아래로 내려가는 게 느껴질 정도로 비행기가 조금씩 움직인다. 구름을 지나고 홍콩의 산들이 보이고, 아파트와 자동차들이 개미처럼 작게 보인다. 하지만 그것도 잠시, 홍콩의 바닷가와 배들이 보이고 눈앞에 홍콩 비행장이 보인다.

★ 비행기에서 내리기

비행기의 바퀴가 땅에 닿는 순간 바퀴가 비행장 아스팔트 위로 스치는 마찰음이 들리며 홍콩공항으로 미끄러지듯 굴러간다. 드디어 홍콩에 도착했다는 안내방송이 다시 들린다. 사람들은 창밖만 쳐다보고 있다.
이윽고 비행기가 탑승구를 지정받고 멈추게 되면 드디어 도착한 것이다.

단, 주의할 점은 비행기가 완전히 멈추고 문이 열리기 전까지 자리에서 일어나지 않는 게 좋다. 대부분의 사람들은 비행기가 멈추면 바로 자리에서 일어나 짐을 꺼내며 부산을 떤다. 그러나 이와 같은 행동은 예의 있는 행동이 아니다. 승무원의 안내가 있을 때까지 좌석에 앉아 기다리는 게 좋다.

★ 입국장으로 이동하기

비행기에서 내리게 되면 입국심사대까지 이동한다. 좁은 비행기 안에서 갑갑했던 탓인지 사람들은 비행장에서 조금이라도 빨리 벗어나고 싶은 듯 홍콩공항 입국장으로 빠른 걸음으로 걸어간다.

홍콩공항 입국장까지 이동하면 입국심사대를 찾아 '외국인' 쪽에 줄을 서도록 한다. 홍콩을 떠나 한국에 도착했을 때도 같은 방법으로 이동한다. 홍콩공항에 착륙하자마자 아이폰을 켰다. 자동로밍으로 인해 모든 기능이 다시 정상적으로 작동되었다. 우리나라 외교통상부 영사콜센터로부터 자동 문자메시지가 날아왔다. 우리나라 국민이 해외여행을 할 경우 휴대폰으로 자동 문자메시지를 보내준다.

★입국심사 받기

홍콩공항 입국심사대에서 여권과 입국신고서를 제출하면 홍콩담당심사관이 확인한 후 여권에 도장을 찍고 다시 돌려준다.

★수화물(짐) 찾기

입국심사대를 나오면 수화물 찾는 장소로 이동한다. 한국에서 출발할 때 인천공항에서 부친 짐이 나오는 곳이다. 내가 타고 온 비행기 편명을 확인하고 그 앞에 서 있으면 내 짐이 모습을 드러낸다.

★세관심사 받기

세관에 신고할 물건이 있으면 빨간색으로 표시된 구역으로 이동, 세관에게 내용물을 신고한다. 신고할 물건이 없다면 초록색으로 표시된 통로로 이동하면 된다.

★ 홍콩공항

드디어 홍콩공항에 도착했다. 홍콩공항에서 느껴지는 홍콩의 느낌을 찾아보자. 홍콩 사람들의 얼굴, 피부로 와닿는 홍콩의 느낌, 홍콩의 말과 홍콩의 분위기 등을 말이다.

만약 한국에서 환전할 시간적 여유가 없었다면 홍콩공항에서 환전을 할 수 있다. 한국 원화 현금도 미국 달러 또는 홍콩달러로 환전해준다.

홍콩공항에서 바라본 홍콩의 모습에 적응이 되었다면 이제 홍콩시내로 바로 이동한다. 홍콩달러로 환전할 때는 큰돈과 작은 돈으로 나눠서 준비하도록 한다.

자, 이제 돈까지 준비했다면 홍콩시내로 출발해보자.

★ 교통수단 찾기

공항에서 홍콩시내로 들어가는 방법은 많다. 홍콩 여행사들이 공항에서 손님들을 안내하기도 한다. 홍콩공항 입국게이트를 빠져나오면 그 앞에 빼곡하게 늘어선 홍콩여행사 부스를 볼 수 있다.
한국어가 가능한 현지 여행사 부스도 있으므로 궁금한 점이나 홍콩여행에서 필요한 부분은 미리 알아볼 수도 있다.

★ 공항고속철도 MTR 이용하기

공항고속철도 MTR은 홍콩공항 도착승객 출구로 나와서 바로 앞의 통로를 따라 들어가면 보인다. 홍콩시내까지 20~30분 이내에 도착하며 이용요금은 구룡Kowloon역까지 어른 1인이 90홍콩달러, 왕복권을 구입할 경우 160홍콩달러이다.

보통 홍콩에 오면 팔달통八達通 교통카드를 구입하는 사람들이 많다. 일명 '옥토퍼스Octopus카드' 라고 해서 지하철, 버스, 공중전화 등을 이용할 수 있는 카드다. 가격은 15홍콩달러이며, 5홍콩달러는 카드 보증금이다.

간혹 지하철이나 버스 등을 이용할 경우 잔액이 없어도 어느 정도 마이너스 금액까지는 그대로 이용할 수 있다. 카드를 반납하면 5홍콩달러를 돌려준다.

공항고속철도 MTR을 타는 곳은 홍콩공항 입국장 바로 건너편 가까이에 있다. 'Trains to City' 라는 안내판을 따라가면 된다.
대다수 여행객들은 공항고속철도 MTR을 타고 홍콩시내로 들어간다. 요금은 버스에 비해 다소 비싼 편이긴 하지만 가장 빠르게 시내로 들어갈 수 있기 때문이다.

★ 리무진 버스

리무진 버스 코너가 있다. 홍콩의 각 호텔에서 운영하기도 하고 리무진 버스회사가 시내 각 정류소를 운행하는 경우도 있다. 호텔이 운영하는 리무진 버스 코너에 들러 가격을 알아보니 호텔 숙박권을 확인한 후 가격표를 내어보인다.

비싼 편이긴 하지만 숙소인 호텔까지 직통으로 갈 수 있어 편리하고 시간을 절약할 수 있는 것이 장점이다.

★ 벤츠 타고 시내 들어가기

렌트카 서비스를 이용해 홍콩시내 원하는 곳까지 벤츠를 타고 갈 수 있다. 가격은 약 500홍콩달러 수준이다. 한국 돈으로 약 1만 5천 원 정도다. 홍콩공항 여행사 코너에 신청하면 벤츠 운영업체와 연결해준다. 140홍콩달러이다.
여행사 앞에서 잠시 기다리면 벤츠 기사가 와서 벤츠 승차지점을 안내해준다. 따라가서 벤츠에 올라타기만 하면 된다. 비용은 벤츠 렌트카를 이용 신청할 때 미리 지불한다.

★ 이층버스 이용하기

홍콩공항에서 시내로 들어가는 방법으로 추천하는 교통수단은 바로 버스. 홍콩공항 통로를 빠져나와서 버스정류장으로 이동하면 티켓을 구입할 수 있다.
공항고속철도 MTR을 타는 곳 옆으로 버스 정류장 가는 통로가 보인다.
통로 옆에는 홍콩공항에서 시내로 들어가는 다양한 교통수단을 안내하는 표지판도 있다.

홍콩공항은 제1청사와 2청사로 분리되어 있는데, 외국국적 항공사들은 대다수 제1청사 쪽에 있다. 버스를 타러 가는 통로 옆으로 공항 제2청사로 연결된 안내표시판이 있다.

버스정류장 앞에 도착하면 '버스 정보Bus Information'에서 가고자 하는 정류장을 고르고 매표소에서 표를 구입하면 된다. 1박 3일 홍콩여행에서 추천하는 방법은 침사추이역까지 A21번 버스를 타고 들어가는 방법이다.

버스표를 사서 버스정류장으로 오면 출발 준비 중인 이층버스들이 나란히 줄을 서 있다. 이때 버스들을 지켜보면 제각기 정해진 시간표대로 드나드는 질서정연한 모습을 볼 수 있다.

버스노선 안내도를 살펴보자.

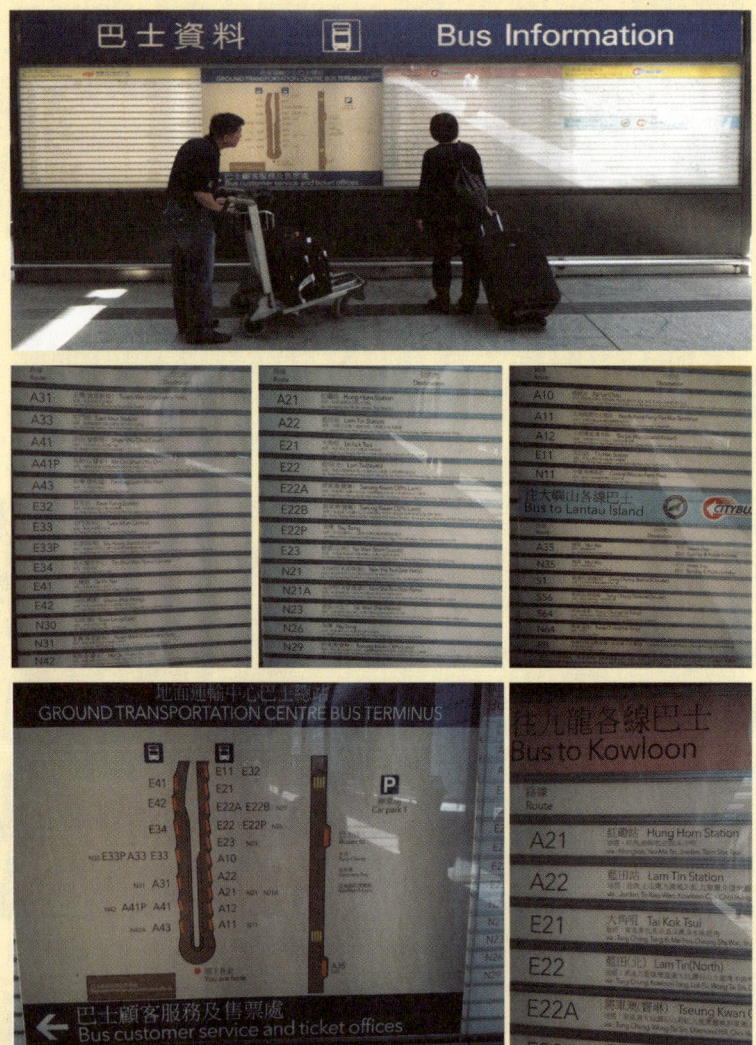

홍콩 명품 아울렛으로 떠나는 1박 3일 홍콩자유여행

행선지에 따라서 노선을 안내하고 있다. NEW Territories를 비롯, Kowloon(구룡)지역을 향하는 노선도 있다. 뿐만 아니라 홍콩섬으로 가는 버스 안내도 있다.

버스 노선번호와 목적지를 찾았다면 버스표를 구입한 후 다시 버스정류장을 찾아야 한다. 버스표를 판매하는 사람에게 말할 때는 짧은 영어실력이어도 상관없다. 목적지만 정확하게 영어로 말해주면 가격을 알려준다. 물론 버스요금은 버스노선도에 표시되어 있다. 목적지만 찾으면 버스요금을 미리 준비해서 판매소로 가면 된다.

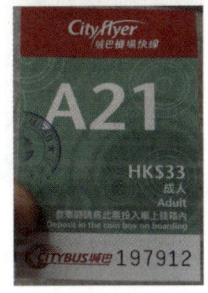

자, 이제 모든 준비를 마쳤다. 버스표도 샀고, 버스정류장도 찾았다. 잠시 홍콩공항 주위를 살펴보자. 세계 어디에선가로부터 홍콩으로 들어온 사람들의 행렬이 멈추지 않는다. 세계에서 날아온 여행자들의 발걸음이 홍콩 어디론가로 향하고 있다. 나도 어느새 그들과 한패가 되어 있다.

홍콩공항 한쪽에선 비행기 안에서 참고 참았을 것으로 보이는 애연가들이 담배를 피우고 있다. 그들에겐 얼마나 달콤한 시간일까? 한 가지 재미있

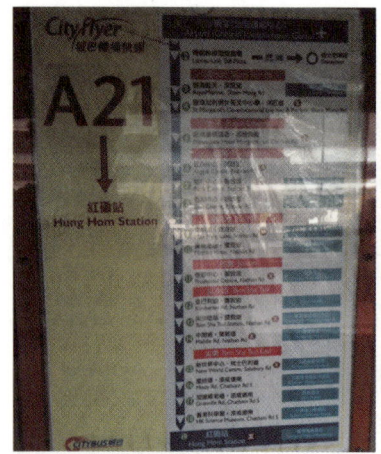 

는 점은 홍콩공항에서 담배를 피우는 장소는 여행객들의 중심 통로에서 벗어난 곳에 있다는 점이다.

버스 정류장에 섰다. 낯선 사람들이 나와 같은 버스를 타기 위해 같이 서 있다.

이윽고 내가 기다리는 버스가 왔다.

버스 안에도 노선도가 있다. 홍콩에서 유명한 이층버스에서 색다른 경험을 원한다면 2층으로 올라가 보자.

버스 안쪽 중앙문 옆에 2층으로 올라가는 계단이 있다. 다소 경사가 급하고 좁아서 체중이 많이 나가는 사람은 이용하기 곤란할 것 같다는 생각이 든다.

2층으로 올라왔다. 홍콩의 이층버스 2층이다. 가장 좋은 자리라고 생각되는 제일 앞자리는 사람들이 항상 있다. 그러나 체격이 큰 사람들은 맨 앞자

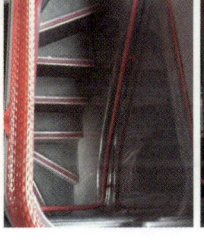
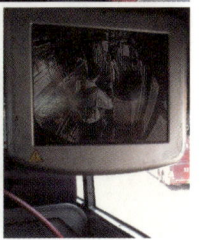

리가 부담스러울 수 있다. 의자와 앞 유리와의 사이가 넓지 않아서 무릎이 아플 수 있다.

이층버스 계단 위에는 모니터가 한 대 있다. 이 모니터의 기능은 아래층에 놓아둔 내 짐을 감시하는 기능이다. 2층으로 가지고 올라오지 않은 짐은 버스 1층 짐칸에 놓아두는데 혹시 다른 사람들이 가져갈 수 있으니 짐 주인이 살펴보라는 뜻이다.

이층버스에서 바라보면 시야가 넓어 가슴이 트이는 기분이 든다. 홍콩공항 버스정류장에 가득한 이층버스들이 보인다.

이층버스 2층에 올라오는 여행객들이 많다. 버스 2층 자리가 점점 채워진다. 손님을 태운 이층버스는 인천공항을 빠져나가서 홍콩시내로 향하기 시작한다. 낯설지만은 않은 홍콩 도로에 자동차들이 지나간다.

이층버스는 고속도로를 달리고 **홍콩섬 주변의 아름다운 해안가**를 보여준다. 터널로 들어간다. 산 내부를 통과하는 중이다. 이층버스 옆으로 날렵하게 생긴 자동차가 스쳐 지나간다.

홍콩은 무역항구이다. 세계 각 기업들이 홍콩을 통해 수출입을 하며 금융거래를 하고 있다. 해안가 항구 쪽으로 컨테이너를 옮기는 모습들이 멈추지 않는다.

얼마나 달렸을까? 1시간여 정도를 달렸을 즈음 홍콩시내에 가까워진 것 같은 분위기가 느껴진다.

★ 홍콩시내 도착

드디어 홍콩시내에 들어왔다. 이층버스는 거미줄처럼 얽힌 홍콩시내를 요리조리 다니며 여행객들을 각각의 정류장에 내려놓기에 바빴다.
복잡한 시내의 창밖을 내다보다가 이층버스에서 내릴 정류장을 발견한 후 하차를 알리는 벨을 눌렀다.

오늘 밤 묵을 호텔이 있는 곳이다. 침사추이 Tsim Sha Tsui Station 정류장으로 타고 온 버스번호인 A21이 보인다. A21번 버스가 정차하는 정류장이란 뜻이다.

홍콩 명품 아울렛으로 떠나는 **1박 3일 홍콩자유여행**

지하철역으로 향하면서 잠시 홍콩시내를 걷기로 했다. 이국적인 풍경이 시야에 들어온다. 이른 아침에 집을 출발해서 인천공항으로, 그리고 비행기를 타고 홍콩에 도착하기까지 제대로 걷지 못한 상태여서 몸을 좀 풀어줄 필요가 있었다.

홍콩 거리를 걷는 동안 수많은 외국인을 만났지만 그들 역시 나를 외국인으로 보기 때문인지 서로 신기해하는 표정은 찾아볼 수 없다. 홍콩은 그 역사만큼이나 오랫동안 다양한 사람들이 섞여 살아가는 곳임을 알 수 있다.

동양과 서양 문화, 기독교와 불교 그리고 도교와 이슬람 문화, 명품매장과 도매시장과 야시장, 남자와 여자, 어른과 아이, 수염을 기른 남자와 안 기른 남자, 영어와 중국어 등 이 모든 것이 어우러져 함께 살아가는 곳이 홍콩이다.

드디어 홍콩에 온 것이다.

홍콩에서 JAY & Vivian을 만나다

홍콩으로 향하는 비행기 안에서 홍콩에 도착해 해야 할 일을 다시 정리하고 수첩에 적을 즈음, 홍콩에 도착한다는 안내방송이 나왔다. 비행기에서 내려 간단한 입국수속을 마친 후 공항을 빠져나왔다. '별빛이 쏟아지는 홍콩의 밤거리.' 유행가 가사에 나오는 바로 그 홍콩이었다.
내가 드디어 홍콩에 온 것이다. 왠지 모를 호기심도 생기고, 스쳐가는 각양각색의 사람들이 신기했다.

참, 비행기 여행을 할 때 한 가지, 이 점만은 고쳐보자.

공항에 착륙해 비행기가 멈춰서자마자 승객들이 자리에서 일어섰다. 스튜어디스가 문이 열리기 전까지, 비행기가 완전히 멈춰서기 전까지는 자리에 앉아달라고 말하지만 승객들은 누가 먼저랄 것도 없이 저리에서 일어선다. 아직 비행기 문이 열리기 전인데도 말이다.

답답해서일까? 아니면 내심 걱정스러웠던 비행기 여행에서 드디어 무사히 도착했다는 안도감 때문일까? 어서 빨리 비행기 밖으로 나가고 싶은 조급증 때문일까?

승객이 모두 내린 비행기에선 어떤 상황이 벌어질까?

승객들이 비행기에서 다 내리면 승무원들은 재빨리 비행기를 청소한다고 한다. 짐을 정리하고 흐트러진 자리를 바로잡은 후 다시 홍콩에서 손님을 태우고 곧바로 한국으로 돌아간다는 것이다. 홍콩 땅에 비행기를 타고 와서 착륙했지만 승무원들은 비행기 밖으로 나올 수 없다.

유럽이나 미국, 거리가 먼 동남아시아 등으로 장거리 비행을 할 경우에는 승무원들도 같이 해외 현지에 입국해서 숙박을 하는데 단거리일 경우엔 (비행기 요금이 저렴해서인지) 바로 비행기를 타고 되돌아간다.

승무원들이 비행기 출구 앞에 서서 나를 배웅하며 미소를 지어주던 모습이 떠올랐다. 시간이 되면 그들과 식사라도 같이 해보면 좋겠다는 생각을 해보지만, 부질없는 착각이란 걸 안다. 그래서 여행은 항상 미련이 많이 남는다.

비행기에서 내려서 홍콩공항으로 나섰다. 비행기와 공항 통로를 걷는데 코로 흡입되는 공기가 한국과 다르다. 식재료에서 느껴지는 중국식 향료 냄새도 나고 무엇보다도 한국 날씨와 차이가 나는 홍콩의 더운 날씨가 피부에 와 닿는다. 내가 홍콩으로 갔던 시기는 여름, 한낮 온도가 40도에 육박하는 무더운 날씨였다. 공항 통로를 걷는데도 에어컨이 없었다면 어땠을까 생각만 해도 몸서리쳐지는 더운 날씨가 나를 맞이했다.

여권과 입국카드를 내밀자 입국 수속이 끝났다. 세관에 신고할 물건이 없는 나는 초록색 통로를 따라 공항 밖으로 향했다. 드디어 홍콩이다. 얼굴색, 피부색이 유사한 사람들인데 그들은 한국어 대신 홍콩어, 중국어, 영어를 사용한다는 게 신기했다. 그들이 사용하는 언어로 서로 의사소통을 한다는 게 신기했다. 어느새 나는 홍콩에서 외국인이었다.

공항 입국장으로 나가 나를 배웅하러 나온 사람을 찾아야 했다. 플래카드를 든 사람들, 하얀 종이에 자신들이 마중 나온 사람들 이름을 써서 들고 있는 사람들 중에서 내 이름을 찾았다.

"이런…… 없다. 어쩌지?"

한국에서 들고 간 휴대폰을 켰다. 일반 휴대폰은 [관리설정] 메뉴에서 국제통화를 위해 시스템 설정 지역을 미리 바꿔두었는데, 휴대폰을 켜자 홍콩 전화기가 된다. 거래처가 알려준 번호로 전화를 걸었다. 한국에서 걸 듯이 번호를 누르고 [통화]를 누르자 수화기 건너편에서 목소리가 들린다.

"하이, 빅터리! 아임 제이."

반가운 목소리. 어디냐고 물으니 홍콩공항 주차장에 지금 도착했다고 한다. 공항으로 오는 길이 막혀 조금 늦었다고 기다리란다. 홍콩공항에서 서성이며 주위를 구경하고 있을 때 나타난 제이과 비비안. 두 사람은 홍콩에서 무역업을 하는 사이이자, 연인이기도 했다. 홍콩을 방문한 그날 이후, 제이와 비비안이 시내를 안내한 건 물론이다.

THREE

홍콩 따라잡기

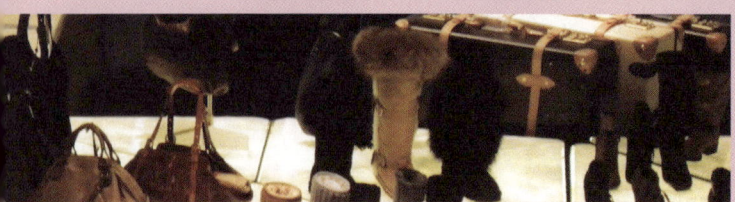

1박3일 홍콩여행이 드디어 시작되었다. 홍콩에 처음 와본 사람들은 다소 막막할 수 있다. 얼굴모습은 비슷한데 처음 보는 사람들이 중국어도 하고, 영어도 하고 광둥어도 한다니 덜컥 겁이 날 수도 있다.

그러나 전혀 겁낼 필요가 없다. 이 책 한 권으로 충분하다. 홍콩을 처음 방문한 여행객일지라도 혼자서 자유롭게 홍콩을 다닐 수 있도록 쉽고 편리한 방법을 친절하게 소개해두었다. 더구나 글을 쓴 필자가 직접 이동하며 체험한 여행 기록이기 때문에 100% 생생한 정보다.

자, 여러분은 이제 홍콩 땅을 밟았다. 지금부터 신나고 즐거운 홍콩여행을 즐겨보도록 하자. 이 책 한 권이면 홍콩 어디에 가든 내가 살던 동네 같은 편안함을 갖게 될 것이다. **책에서 소개하는 순서대로 홍콩에 익숙해져 보자.**

★ 홍콩거리 이정표 알아두기

홍콩은 도로가 좁다. 그러나 건물은 높다. 지역은 좁다. 그러나 지하철은 많다. 지하철역 한두 정거장쯤은 걸어 다녀도 될 가까운 거리로 여겨진다. 좁은 거리, 그러나 잘 정돈된 거리를 즐기려면 무엇보다도 이정표에 익숙해져야 한다.

홍콩시내를 조금 걷다보면 많은 이정표를 발견할 수 있다. 그런데 한 가지

재미있는 점은 이정표 하나를 세울 기둥에 각기 다른 이정표 여러 개를 붙여두었다는 것이다. 길을 잘못 찾아도 이정표만 바라보면 내가 어디에 있는지 알 수 있다.

★ 홍콩 지도

홍콩지도는 한국에서 출발하기 전에 하나쯤 챙겨오면 좋다. 그러나 홍콩지도를 가져오지 못했더라도 걱정할 필요는 없다. 손에 든 아이폰으로 홍콩 관련 어플리케이션을 열면 홍콩지도가 아이폰 속으로 들어온다.
2010년에 홍콩관광청에서 어플리케이션을 만들어 공개했다. 아이폰으로 홍콩을 미리 볼 수 있는 어플리케이션인데, 가고 싶은 지역을 선택하면 해당 지역을 720도 회전화면으로 자유롭게 보여주어서 지역특성을 쉽게 알 수 있게 해주는 것이 특징이다.

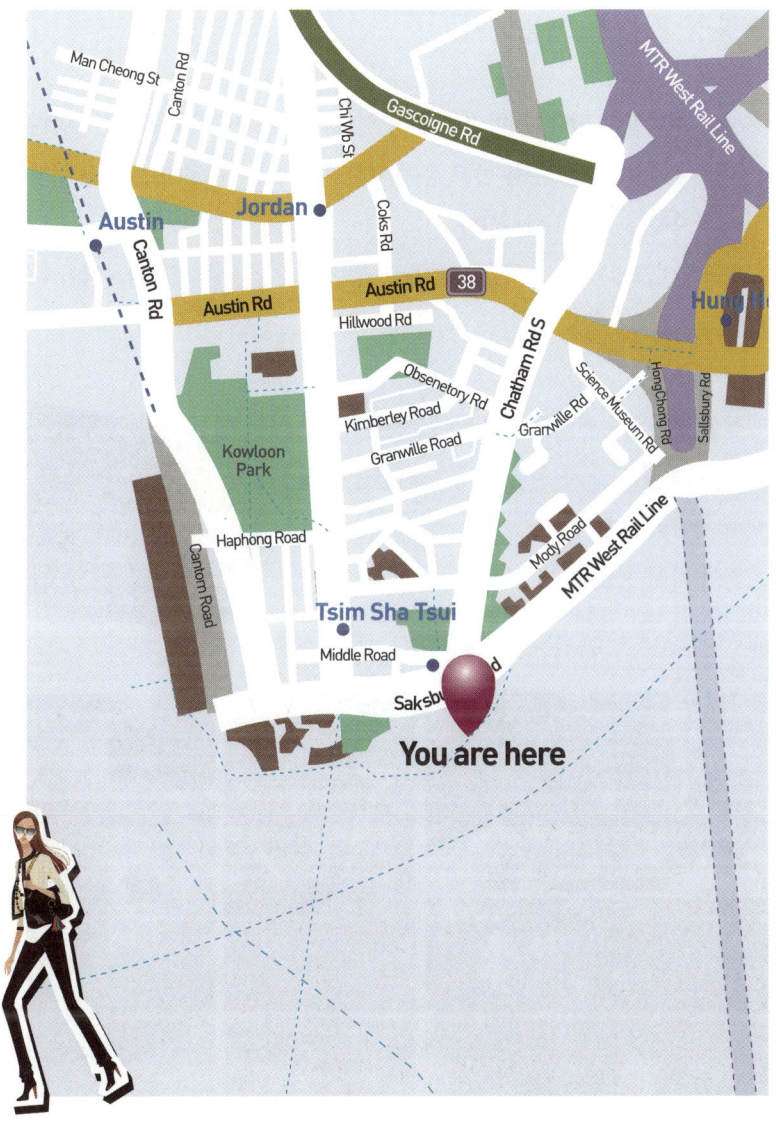

★ 홍콩 지하철 이용하기

홍콩엔 지하철이 많다. 지하철 노선이 잘 되어 있어서 이동하기에 상당히 편리하다. 이번 여행에서는 주로 홍콩 지하철을 타고 이동하므로 홍콩 지하철에 익숙해질 것으로 확신한다.
홍콩공항버스에서 내려 시내를 얼마나 걸었을까? 침사추이 지하철역이 나타났다.

지하철 입구로 들어가서 계단을 내려간다.
우선, 지하철 표를 사야 한다. 홍콩 사람들 뒤에 서서 기다려보자.
드디어 차례가 왔다. 지하철 표발매기 앞이다. 내가 가려는 지하철역을 찾아 손가락으로 화면을 누

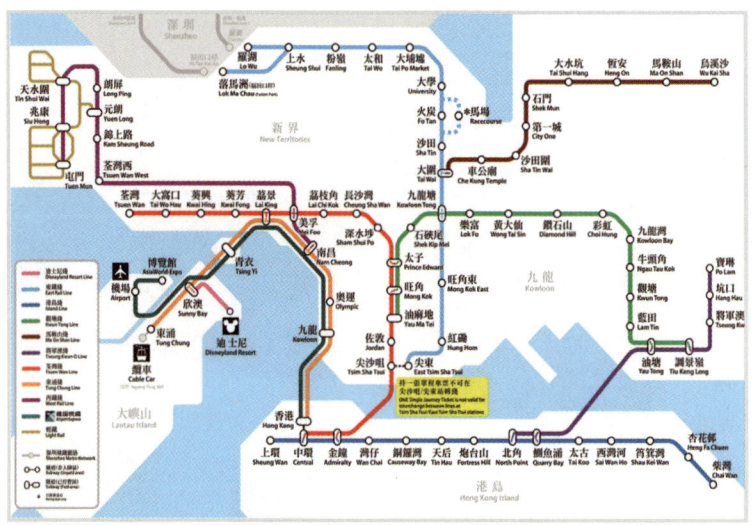

르면 목적지까지의 요금이 화면에 표시된다. 요금을 확인하고 돈을 넣으면 지하철표가 나온다. 표를 꺼내들고 지하철을 타러 들어가려면 녹색 화살표로 표시된 곳을 통과하면 된다.

다만, 앞서 홍콩공항에서 버스를 타고 내린 곳이 침사추이 역인데 이번 여행에서 묵을 호텔 역시 침사추이 역에 있으므로 첫째 날은 지하철을 탈 필요가 없다. 역 안에서 호텔 위치를 알려줄 지도를 찾아보자. 침사추이 역 안에 출구정보 안내도가 보인다.

오늘 묵을 호텔은 마르코폴로 홍콩호텔이다. 지도에 표시되기를, 24번 위치에 있는 건물이며 침사추이 역 C1출구 또는 E출구로 나가면 된다고 써 있다.

출구안내도 옆의 지도를 찾아보자. 출구로 나가서 어디로 걸어가야 하는지 미리 봐둘 필요가 있다. 약도에서 24번을 찾아보니 C1출구는 보이는데 24번 위치가 안 보였다.

다시 조금 더 왼쪽을 찾아보니 24번 위치가 보인다. 저곳이 바로 호텔의 위치라는 뜻이다. C1출구로 나가서 24번
위치까지 가는 방법이 머릿속에 들어왔다. 약도에 표시된 호텔 위치를 기억해두고 C1출구로 나섰다.

드디어 C1출구 앞이다. 이곳으로 올라가면 된다. 지하철역 밖으로 나가며 오늘 하루 거쳐 온 길을 생각해보자.

★ 홍콩택시 이용하기

홍콩택시는 기본요금 18홍콩달러, 우리나라 돈으로 약 2,800원 정도이다. 홍콩을 처음 방문하거나 지하철을 이용하지 않는 사람들은 주로 택시를 타는 경우가 많다.
그러나 움직일 때마다 택시를 이용하기에는 결코 만만한 비용이 아니다. 여행을 나

홍콩에서의 첫날 정리

이른 아침 집을 나서 공항버스에 몸을 싣고 인천공항에 도착했다. 그리고 출국수속을 마치고 다시 3시간여를 날아서 홍콩에 도착했다.
홍콩공항에 도착해서 이층버스에 몸을 싣고 고속도로를 달려 시내로 들어왔다. 한국을 출발한 지 반나절이 지난 시각이다.
마르코폴로홍콩호텔 위치를 기억하며 홍콩시내를 걸었다. 1박3일 홍콩 명품아울렛쇼핑 여행에서 이 호텔을 숙소로 정한 이유는 무엇보다도 명품매장들이 몰려 있는 지역과 대단히 가깝기 때문이다.

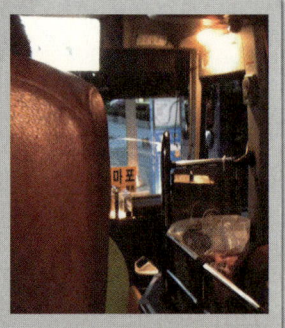

섰다면 시내도 걸어보고 다리품을 팔아 여기저기 살펴보는 게 중요하다. 그런 의미에서 홍콩택시는 여행 내내 이용할 교통수단이 아니다. 홍콩 야시장 구경 등 특수한 시간대로 한정해서 이용하도록 하자.

★홍콩 돈 알아두기

2010년 6월 기준으로 1홍콩달러는 한국 돈 160원 정도이다(2010년 12월 기준으로는 약 150원). 100홍콩달러는 한국 돈 16,000원의 가치와 같다는 뜻이다. 홍콩여행을 준비하면서 환전한 홍콩 돈에 대해 알아보도록 하자.

여행을 하면서 해당 국가의 돈의 가치에 대해 알아두는 것은 중요하다. 돈의 가치를 잘 모르면 함부로 쓰기 쉽다. 명품아울렛 쇼핑을 하면서도 예산 범위를 초과해 돈을 쓰는 경우가 생긴다.
따라서 홍콩 돈과 한국 돈의 가치를 명확하게 이해하도록 하자.
홍콩 돈의 가치를 알았다면 이제 홍콩달러를 한국 돈으로 환산해서 이해하는 습관을 기르도록 하자.

지폐

500홍콩달러 : 한국 돈 약 80,000원

100홍콩달러 : 한국 돈 약 16,000원

20홍콩달러 : 한국 돈 약 3,200원

10홍콩달러 : 한국 돈 약 1,600원

동전

5홍콩달러
한국 돈 약 800원

2홍콩달러
한국 돈 약 320원

1홍콩달러
한국 돈 약 160원

홍콩 명품 아울렛으로 떠나는 **1박 3일 홍콩자유여행**

지폐종류
홍콩 돈 가운데 10달러, 20달러 지폐는 두 종류가 있다.

★ 홍콩호텔 찾아가기

1박3일 홍콩 명품아울렛쇼핑 여행의 첫출발은 명품매장에서 시작하므로, 무엇보다도 명품매장을 짧은 시간 안에 둘러볼 수 있는 지역과 가까운 호텔에 묵는 게 중요하다. 따라서 이 책에서는 침사추이 지하철역 주변 광동도 Canton Road를 선택했으며, 이 지역의 호텔 가운데 마르코폴로홍콩호텔을 선택했다.

호텔로 가던 중에 샤넬 가방을 판매하는 할인매장을 만났다. 6,980홍콩달러라고 적힌 가격표가 보인다. 우리나라 돈으로 환산하면 110만 원 정도 되는 금액이다. 골든세일 기간으로 특별히 할인가격에 제공한다고 써 있다.

마르코폴로호텔?
이 지역엔 마르코폴로 이름을 사용하는 유사한 호텔이 많으므로 유의하도록 하자.

마르코폴로홍콩호텔 6층에는 수영장이 있는데 여름철은 물론 겨울철에도 수영이 가능하도록 겨울에는 따뜻한 물을 서비스하고 있다. 뿐만 아니라 이 호텔은 침사추이 지역 근처의 스타에비뉴 거리와도 인접한 장점이 있다.
스타에비뉴 거리는 홍콩 영화 스타들이 핸드프린팅을 한 블록을 바닥에 설치한 해안가 주변 거리로서 홍콩을 찾는 관광객이라면 반드시 경험해볼 만한 대표적인 필수코스 가운데 하나다.
침사추이 C1출구에서 빠져나와서 차도를 건너기 위해 구룡공원을 경유하는 북경도로1호 출구로 들어갔다.

드디어 호텔 발견, 마르코폴로홍콩호텔이다.
중국식 표기로 광동도廣東道, 영어로는 Canton Road로 표시되는 이 지역은 **홍콩에서도 명품매장이 집중적으로 모여 있는 곳**이다.
명품매장들이 한곳에 모여 있다 보니 갖가지 신상품을 쉽게 살펴볼 수 있고, 각 브랜드들 간의 차이점과 특색을 금세 알 수 있다.

또한 이 거리 한쪽에는 H&M 매장이 있는데, 이 매장은 홍콩에서도 흔한 매장은 아니다. 거리 끝으로 걸어가면 에스프리 아울렛이 있고, 실버코드 안쪽으로 온갖 구제 명품브랜드 상품들을 모아서 판매하는 IT SHOP도 만날 수 있다. 이곳은 가게 이름만 IT일 뿐, 명품 브랜드 제품을 판매하는 아울렛이다. 단, 신상품은 드물고 구제 상품이 대부분이다.
이것이 1박3일 홍콩여행 일정을 마르코폴로홍콩호텔에서 시작해야 하는 이유인 것이다.

마르코폴로호텔 위치 & 연락처

인터넷주소 : www.marcopolohotels.com
인터넷메일 : hongkong@marcopolohotels.com
전화연락처 : (852) 2113-0088
팩스연락처 : (852) 2113-0011
주   소 : Harbour City, Tsim Sha Tsui, Kowloon, HongKong

홍콩 명품 아울렛으로 떠나는 1박 3일 홍콩자유여행

★ 호텔 체크인하기

홍콩호텔의 체크인 시간은 오후 3시다. 따라서 그전에 호텔에 도착할 경우 기다려야 한다. 만약 서울에서 9시 5분 비행기를 타면 홍콩시각 11시 40분 경에 홍콩에 도착한다. 홍콩은 한국보다 1시간이 늦다.

홍콩공항에서 12시경 입국장을 나섰다면 버스를 타고 올 경우 대략 30~40분이 소요된다. 버스에서 내려 지하철역을 통과해 호텔까지 걸어오는 데는

10~20분 정도 걸린다. 이때 시간을 절약하는 방법 가운데 하나는 첫날 호텔로 오는 도중에 근처 거리의 명품매장에 들러 쇼핑을 준비할 시간을 갖는 것이다. 미리 살펴보는 탐색전인 셈이다.

호텔 바로 길 건너에는 까르띠에 매장과 티파니앤코 매장이 있다. 근처엔 이 거리가 명품매장이 집약된 거리임을 말하듯 새로 등장한 건물들이 많다.

체크인 시각 전에 도착할 경우, 고객이 호텔로 들어서면 직원들이 체크인 시각까지 기다릴 곳으로 안내한다. 프론트데스크 앞 로비에 앉아서 기다리다 보면 체크인이 시작됨을 알림과 동시에 호텔 직원들이 고객들에게 다가온다. 만약 호텔 로비에서 기다리기 지루하다면 들어온 출구 맞은편 뒤쪽 출구를 통해 나가보자. 바닷가 선착장과 연결된 새로운 풍경이 나타난다.

빅터리의 명품쇼핑 팁

까르띠에 CARTIER

쇼핑 전에 알아두면 좋은 까르띠에에 관한 팁이다. '까르띠에' 는 프랑스의 보석, 시계, 잡화 브랜드다. 1847년 네덜란드 사람인 루이 프랑스와 까르띠에 Louis Francois Cartier(1819~1904)가 프랑스 파리의 몽토르고이 Montorgueil에 세운 보석 판매회사이자 브랜드명이다.

브랜드 런칭 초기에는 보석 종류만 다뤘는데 이 가운데 '트리니티링' 은 불멸의 디자인으로 불린다. 1924년에 루이 Luis가 친구이자 시인인 장 콕토 Jean Cocteau를 위해 만든 반지로, 화이트골드·옐로골드·핑크골드 링이 서로 얽힌 형태로 유명하다.

티파니앤코 TIFFANY & CO.

'티파니앤코 Tiffany & Co.는 미국 보석 브랜드로, 1837년 뉴욕에서 찰스 루이스 티파니 Charles Lewis Tiffany와 테디 영 Teddy Young에 의해 설립되었다. 초창기엔 맨해튼 지역에서 엘리스와 테디 영, 그리고 티파니가 공동으로 다양한 문구류 상품을 판매하였는데, 1853년 찰스 티파니가 경영을 하게 되면서 이름을 '티파니앤코' 로 바꾸었다.

마르코폴로호텔의 로비와 연결된 곳에는 랜크로포드 매장이 들어서 있다. 이곳은 유명 디자이너의 패션 상품 및 브랜드 상품을 취급하는 곳이다.

호텔 체크인을 하기 전에 호텔 로비와 연결된 랜크로포드에 들러 명품 브랜드 및 디자이너 브랜드 의류를 눈요기해보는 것도 의미가 있다.
랜크로포드 2층엔 여성의류 제품들이 있는데, 프랑스와 뉴욕 패션무대에서 활동하는 디자이너들의 작품을 중심으로 판매하고 있다.

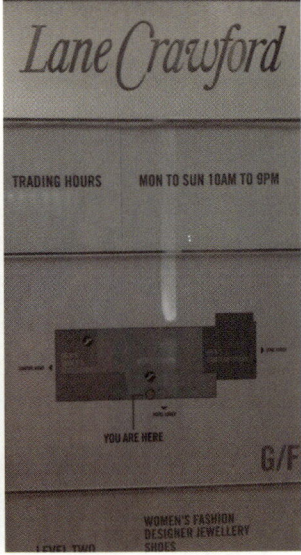

각 디자이너들의 공간은 의류 행거 한 개 정도로 그리 넓지 않은 공간에 주로 원피스 및 스커트와 팬츠류 작품을 진열해두고 있다. 가격은 한국 돈 30~50만 원대 제품들이 많으며 100만 원대를 호가하는 작품들도 많다.

마르코폴로홍콩호텔은 홍콩의 최대 패션몰 하버시티와 연결된 곳이기도 하다. 호텔 뒤쪽 문으로 나가서 랜크로포드 매장을 지나 우회전하면 바로 하버시티 통로로 이어진다.

규모만으로도 엄청난 하버시티 쇼핑몰 안에는 버버리, 지방시, 발렌티노, 베르사체, 질샌더, 폴스미스 등을 비롯하여 세계 패션상품 브랜드 대부분의 제품들이 입점해 있다.
럭셔리 브랜드 공간은 오션센터라고 부르는 1층에 모여 있는데 사람들이 이동하는 통로마다 브랜드 이름을 빼곡하게 채워둔 것이 이채롭다.
그러나 하버시티 구경은 다음 기회로 미루고 나오도록 하자. 하버시티는 관광객들에게 소문난 곳으로, 그 규모가 엄청나게 큰 까닭에 들어가서 나오는 길을 못 찾는 사람들이 많다고들 한다. 하버시티 하나만 구경해도 하루가 모자랄 정도란 소리다.

호텔로 다시 가자. 하버시티를 나와서 만나게 되는 침사추이 해안가는 세계에서 온 여행자들과 만나 추억을 남길 수 있는 곳이다.

빅터리의 명품쇼핑 팁

질샌더 JIL SANDER

독일 출신의 미국 디자이너 질 샌더Jil Sander에 의해 1968년에 설립된 여성복 및 화장품 브랜드다. 고급 소재를 사용하며 디테일이 다양한 스타일이 특징인 '질 샌더'의 디자인은 코코 샤넬Coco Chanel의 영향을 받은 것으로 알려져 있다.

질 샌더를 나타내는 대표적인 스타일은 1980년대 성공한 여성들을 위한 새로운 디자인으로 그레이, 블랙, 화이트 톤의 수수한 색상에 액세서리가 없으면서도 품위가 느껴지는 점이다. 이와 같은 스타일은 질 샌더만의 '양파룩 onion look' 이라고 해서 레이어드 스타일과 비슷하기도 하다.

폴 스미스 PAUL SMITH

1946년 7월 5일생 영국인 패션디자이너 폴 스미스Paul Smith에 의해 만들어진 패션브랜드다. 일명, 여피 스타일을 비롯 컨템포러리스타일, 모던스타일 등 각 시대를 아우르는 다양한 스타일을 선보이고 있다.

★ 호텔숙박비 보증금

체크인을 마치고 호텔 안으로 들어왔다. 한국에서 여행사를 통해 미리 예약해둔 덕에 바우처(호텔 예약권)만 제시해도 되니까 체크인 절차가 더 간편했다. 홍콩호텔에서 체크인을 할 때는 신용카드 번호를 알려주거나 혹은 현금으로 보 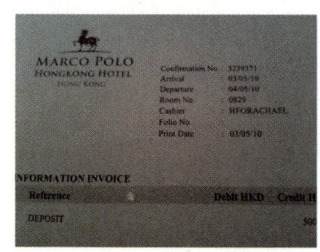 증금을 맡겨야 한다. 혹시 호텔 투숙객이 가방을 들고 나가버릴 경우 체크아웃 확인이 어려우므로 미리 사용요금 일부를 받아두려는 것이다. 보증금은 체크아웃을 할 때 돌려준다.

단, 호텔 방에 머무르면서 방 안의 전화기로 국제전화를 쓰거나 미니Bar 등에 비치된 술이나 음료를 먹었을 경우엔 해당 금액만큼 보증금에서 제하게 된다. 텔레비전은 무료지만 영화 등의 일부 프로그램은 유료이므로 돈을 내야 시청이 가능하다.

★ 홍콩 호텔룸 사용법

호텔 방 열쇠와 엘리베이터 버튼 작동카드를 받은 후 엘리베이터를 타자. 엘리베이터 각 층 번호 위에 카드 홈이 있는데, 여기에 카드를 꽂은 후 방이 있는 층수를 누르면 엘리베이터 문이 닫히면서 작동이 시작된다.

8층으로 올라갔다. 엘리베이터에서 내리자 호텔 투숙객을 위해 비치해둔 테이블이 보인다. 방을 찾았다.

방에 들어오면 먼저 짐을 정리한다. 그리고 가장 간편한 외출복 차림이 되도록 준비한다.

- 인터넷 선 : 홍콩호텔에서 제공하는 인터넷 선이다. 1시간에 70홍콩달러로, 한국 돈으로 11,00원 정도의 금액이다. 1시간 요금치고는 상당히 비싸다.

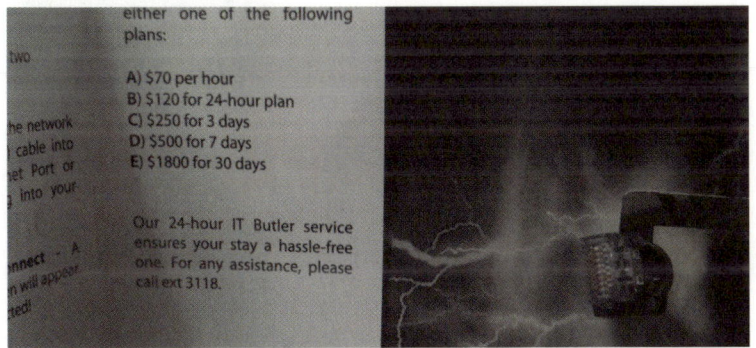

- 전원 콘센트 : 홍콩은 110V 전압의 접지부가 세 개인 콘센트를 사용한다. 전원을 사용하지 않을 경우엔 콘센트 전원을 꺼두고 전원을 사용할 경우엔 스위치를 켜서 전기가 들어오게 한다.

- 호텔 전화기 : 룸서비스, 음성메시지, 방 청소 등을 요청할 때도 사용할 수 있다. 외부에서 직통 연결기능을 사용할 경우 35홍콩달러에 이용할 수 있다. 호텔 방에서 방으로 전화를 할 때는 8번을 먼저 누르고 방 번호를 누른다. 시내통화를 할 때는 9번을 먼저 누르고 이용하며 건당 5달러다. 국제전화는 1번을 먼저 누르고 001을 누른 후 국가번호부터 순서대로 누른다.

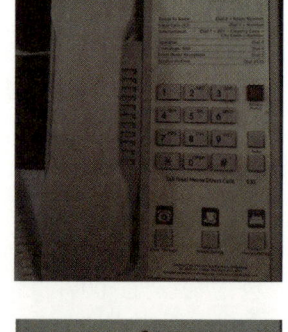

- 교환원 연결은 0번
- 콘씨어지 호출연결은 4번
- 프론트데스크 연결은 5번
- 빠른 서비스 호출은 3333번

- 실내 스위치 : MASTER 스위치는 호텔 방 안의 모든 등을 켜는 데 사용한다. DO NOT DISTURB 스위치는 외부 호출등, 방 청소를 하지 말라는 표시.  ROOM, PANTRY 스위치는 방 또는 탕비실(식료품실)의 전원 켜고 끄기.
- 손잡이 행거 : PLEASE MAKE UP ROOM 표시는 외출하면서 방 청소를 요청하는 것. PRIVATE DINING은 룸서비스를 요청하는 것으로 방으로 식사를 가져다준다.

- 개인 금고 : 귀중한 물건은 외출할 때 분실할 위험이 있으므로 금고에 넣어두고 보관하자. ① 문 안쪽 버튼을 누른다. → ② 6개로 된 비밀번호를 누르고 엔터 key를 누른다. → ③ 버튼을 CLOSED 상태로 바꾼다.

1박3일 홍콩 명품아울렛쇼핑의 하루가 시작되었다. 다만 미리 조언하자면 호텔에 도착한 후 밖으로 다니며 이것저것 구경하기보다는 홍콩에 도착한 첫날 오후는 일단 호텔에서 충분한 휴식을 취하기를 바란다.
1박3일 일정에도 귀국하는 비행기에서 하룻밤을 자야 한다는 조건이 있다. 따라서 오늘은 호텔까지 오면서 충분히 구경했고 내일 빡빡한 일정을 소화해야 하므로, 홍콩에 온 첫날 호텔 체크인 후 저녁 식사 전까지는 너무 피곤하게 다닐 필요가 없다.

지금 서너 시간이라도 휴식을 취하고 저녁에 홍콩여행을 이어가도록 하자

Best Information
HONG KONG BEST INFOMATION

호텔에서 공짜로 쓸 수 있는 것들

해외 여행을 처음 나온 사람들은 간혹 호텔 방에서 아무것도 건드리지 않고 잠만 자는 경우가 있다. 호텔에서 쓰면 모두 돈이란 생각에 안 써버리는 것이다. 그러나 호텔 방엔 투숙객을 위해 무료로 제공되는 것들이 있으니 알아두도록 하자.

커피와 물은 무료다. 투숙객들을 위한 호텔의 정성이므로 부담 갖지 말고 이용한다. 면도기 등의 충전도 무료이다. 전기면도기를 갖고 다닌다면 언제든 사용해도 좋다.

단, 홍콩은 우리나라와 전원 사용방식이 다르다. 우리나라는 220V 전용 콘센트를 사용하는 곳이 대부분이나 홍콩은 콘센트 접지부분이 3개이고, 정격전압도 115V이다. 따라서, 한국에서 가져간 전기제품을 하나도 사용할 수 없는 경우가 생기기도 한다.

그러나 한 가지 아이디어를 알려주자면 바로 호텔 방 안의 면도기 콘센트를 사용하는 것이다.

해외 투숙객들을 위해 홍콩의 호텔에선 240V 전원 콘센트도 사용할 수 있는 지정 콘센트를 두고 있다. 이곳에 전기면도기, 헤어드라이기 등의 전자제품을 사용할 수 있다. 물론, 한국에서 사용하던 아이폰을 충전할 수도 있다.

단, 240V 쪽으로 꽂으면 전자제품 내부가 전기에 의해 망가질 수 있으므로, 한국에서 가져간 제품의 정격 전압이 220V 용도라고 할지라도 반드시 115V 쪽으로 꽂도록 한다.

나 어떻게 홍콩 갔니?

몽콕, 산스이포, 라이치콕을 다니며 홍콩 패션 따라잡기

몰링이 대세인 홍콩, 밖은 찌는 듯한 더위가 기승을 부리는데 커다란 건물 안에선 에어컨 덕분에 시원하다. 커다란 건물들 때문에 공기가 흐르지 않아 더 덥다는 제이의 말이 실감났다. 제이와 비비안과 함께 청바지 시장조사 및 짝퉁 적발 조사를 나섰다. 홍콩은 무더운 날씨 탓에 지붕이 있는 육교 도로도 걸을 수 있고, 홍콩 시내 건물들의 지하통로가 연결되어 있는 곳들이 많아서 몰링(MALLing)이라고 부르는 쇼핑몰 안에서 쇼핑하거나 시간을 보내는 활동이 가능하다는 게 장점이었다.

그런데 문제는 기온이었다. 섭씨 40도에 육박하는 온도 탓에 거리에 나서면 숨이 턱턱 막힐 정도의 날씨였다. 홍콩은 여름에 올 곳이 못 된다는 느낌이 들었다. 홍콩 시내에서 걷기 시작하면 1분도 채 안 되어 땀이 비오듯 흐르고, 바지는 땀에 젖었다. 에어컨 생각이 간절하고, 조금 걸으면 이내 택시를 타고 싶어진다. 홍콩시내 고층빌딩에서 쏟아내는 에어컨 열풍 탓일까? 호흡이 턱에 차는 느낌이 든다. 길거리 상점에 들어가면 온몸을 식혀주는 에어컨 바람이 좋다.

여름에 홍콩으로 올 때는 반드시 샌들을 신고 반바지에 민소매 셔츠를 입자. 거리 쇼핑을 나서겠다면 땀을 닦을 손수건 정도를 준비해야 한다. 길을 앞장서며 홍콩시내 의류매장을 소개하던 제이와 비비안이 자주 걸음을 멈춰 시내 커피숍에 자리를 잡는다. 홍콩사람이지만 홍콩 날씨는 진짜 덥다고 전한다.

홍콩항을 옆에 두고 있어 바닷가에서 불어오는 바람에 습기가 많다. 여자라면 자외

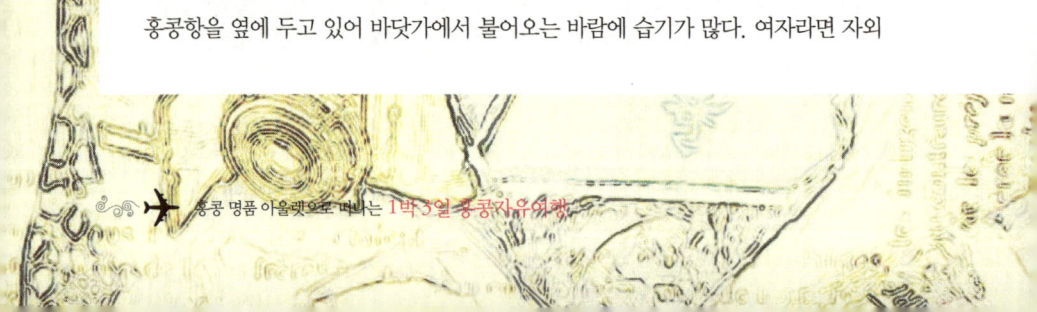

선차단제는 필수고, 넓은 챙모자로 피부를 보호하자. 말 그대로 우리는 소중하니까 말이다. 또 하나, 손세척제를 작은 통에 나눠 들고 와야겠다는 생각을 했다. 손에 땀이 많이 묻다 보니까 손세척이 필요할 듯하다. 게다가 옷을 많이 만져 먼지가 묻다 보니 손세척제가 더욱 아쉬웠다.

몽콕에 들러 회사 제품을 발견하고 상점 이름을 적었다. 다시 라이치콕에 들러 홍콩의 의류도매상들을 둘러본다. 옷을 잘 개서 비닐봉지에 차곡차곡 넣고 옷이 담긴 비닐의 위쪽을 열어 옷이 보이게 한 다음 매장 바닥에 늘어놓아둔 모습이 이채롭다. 도매상들에게 들른 상인들이 자신들에게 맞는 옷을 골라 주문한다. 손놀림이 빠른 점원들이 옷을 담는다. 마치 한국의 동대문시장을 보는 것처럼 길게 늘어선 패션매장에 사람들이 오간다.

좁은 통로를 거치며 이곳저곳 매장 풍경을 살피며 홍콩의 트렌드를 눈에 담아본다. 한 가지 재미있는 부분은 각 매장 안에 한국의류라고 적힌 광고판이 많다. 한국 드라마 인기에 힘입어 홍콩 사람들에게도 한국산 의류가 인기란다. 그런데 정작 들고 살펴보면 어딘가 어색한 상품들인데, 가격도 의외로 저렴하다. 제이가 옆에서 슬쩍 말해주기를 중국에서 만들어오는 한국상품들이 많단다.

라벨 붙은 위치가 가느다란 줄처럼 옷의 봉제선에 맞물려서 힘없이 붙어 있다. 손으로 당겨보면 힘없이 툭 떨어진다. 한국제품의 인기를 실감할 수 있었지만 동시에 디자인이 유사한 짝퉁 제품으로 인한 손실도 예상되는 부분이었다. 조사결과 몽콕, 산스이포, 라이치콕 등지에서 우리 회사 청바지 짝퉁 제품을 많이 발견할 수 있었다.

어느 정도였느냐 하면, 나중에 일본 의류업체와 함께 청바지 수출 건을 상담하면서 우리 회사 청바지가 아시아에서 인기를 끌고 있어서 홍콩, 대만 등지에 나가보면 유사한 가짜 제품을 많이 보게 된다고 말했던 적이 있다. 실제로 일본업체 대표가 홍콩, 대만 등지에서 가짜 청바지를 발견하고 나서야 수출 건이 성사된 적이 있다.

FOUR

홍콩 명품거리
침사추아 Tsim Sha Tsui 에서 쇼핑하기

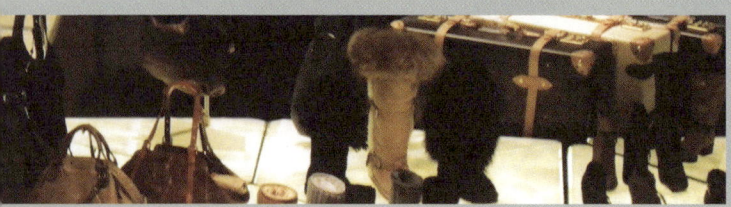

홍콩의 신체사이즈 표기

잠깐 쇼핑을 나서기 전 미리 알아둬야 할 것이 있다. 홍콩에서는 신체사이즈 표시가 한국과 다르다. 상품에 표기된 사이즈 표시를 꼭 알아두도록 하자.

남성의류 | Men's wear

미국사이즈	XXS	XS	S	M	L	XL	XXL	XXXL
유럽사이즈	44	48	48	50	52	54	56	56
가슴	29–31"	32–34"	35–37"	38–30"	42–44"	46–48"	50–52"	54–56"
허리	26–27"	28–29"	30–31"	32–34"	35–37"	38–40"	41–43"	44–46"
엉덩이	31"	34"	37"	40"	43"	46"	49"	52"
인심	30"	30.5"	31"	31.5"	32"	32.5"	33"	33.5"

여성의류 | Women's wear

미국사이즈	XS(0–2)	S(4–6)	M(8–10)	L(12–14)	XL(16–18)	XXL(20)
유럽사이즈	40	42	44	46	48	50
가슴	32"	34"	36"	39"	42"	44"–47"
허리	24"	26"	28"	31"	34"	36"–40"
엉덩이	35"	37"	39"	42"	45"	46–49"
인심	27"	28"	29"	30"	31"	32"

여자신발 | Women's Shoe

국가명	여자 신발 SIZE											
미국	5	5.5	6	6.5	7	7.5	8	8.5	9	9.5	10	10.5	11	11.5	12	12.5	13
영국	3.5	4	4.5	5	5.5	6	6.5	7	7.5	8	8.5	9	9.5	10	10.5	11	11.5
유럽	35	35	36	37	38	38	38.5	39	40	41	41	42	43	43	44	44	45
일본		22	22.5	23	23.5	24	24.5	25	25.5	26	26.5	27	27.5	28	28.5	29	29.5

남자신발 | Men's Shoe

국가명	남자 신발 SIZE											
미국	5	5.5	6	6.5	7	7.5	8	8.5	9	9.5	10	10.5	11	11.5	12	12.5	13	13.5	14
영국	4	4.5	5	5.5	6	6.5	7	7.5	8	8.5	9	9.5	10	10.5	11	11.5	12	12.5	13
유럽			38		39	40		41	42		43	44		45	46	46	47		48
일본		23		24		25		26		27		28		29					

홍콩은 덥다. 여름엔 대부분 30도를 웃돈다.

봄에는 홍콩의 온도가 27도 정도 된다. 우리나라의 초여름 날씨와 같다. 호텔 체크인 후 휴식을 취하다가 오후 5시쯤 나서서 침사추이 근처 명품숍 쇼핑을 시작하도록 하자.

홍콩 명품매장 찾기
MUST 1

먼저 마르코폴로홍콩 호텔을 나와서 길 건너 블록으로 이동한다. 1881 헤리티지 출구 앞 사거리의 에스프리 매장에서 쇼핑을 시작한다.
호텔에서부터 5분 정도 걸으면 왼쪽 대각선 방향으로 에스프리 매장이 보인다. 그 앞에 조금 못 미쳐서 에르메질도 제냐 매장이 나오는데, 제냐는 남성복 브랜드이므로 여성일 경우에는 이곳을 생략한다.

에스프리 매장 쇼핑을 마치고 나와 우측 거리 앞으로 이동하면 명품 매장들이 이어진다. 미우미우(miumiu) 매장을 지나면 펜디(FENDI) 매장이 나온다.
디오르(Dior) 매장을 지나서 대형 매장으로 꾸며진 샤넬(CHANEL) 매장 앞을 거닐었다.

<small>홍콩 명품 아울렛으로 떠나는 **1박 3일 홍콩자유여행**</small>

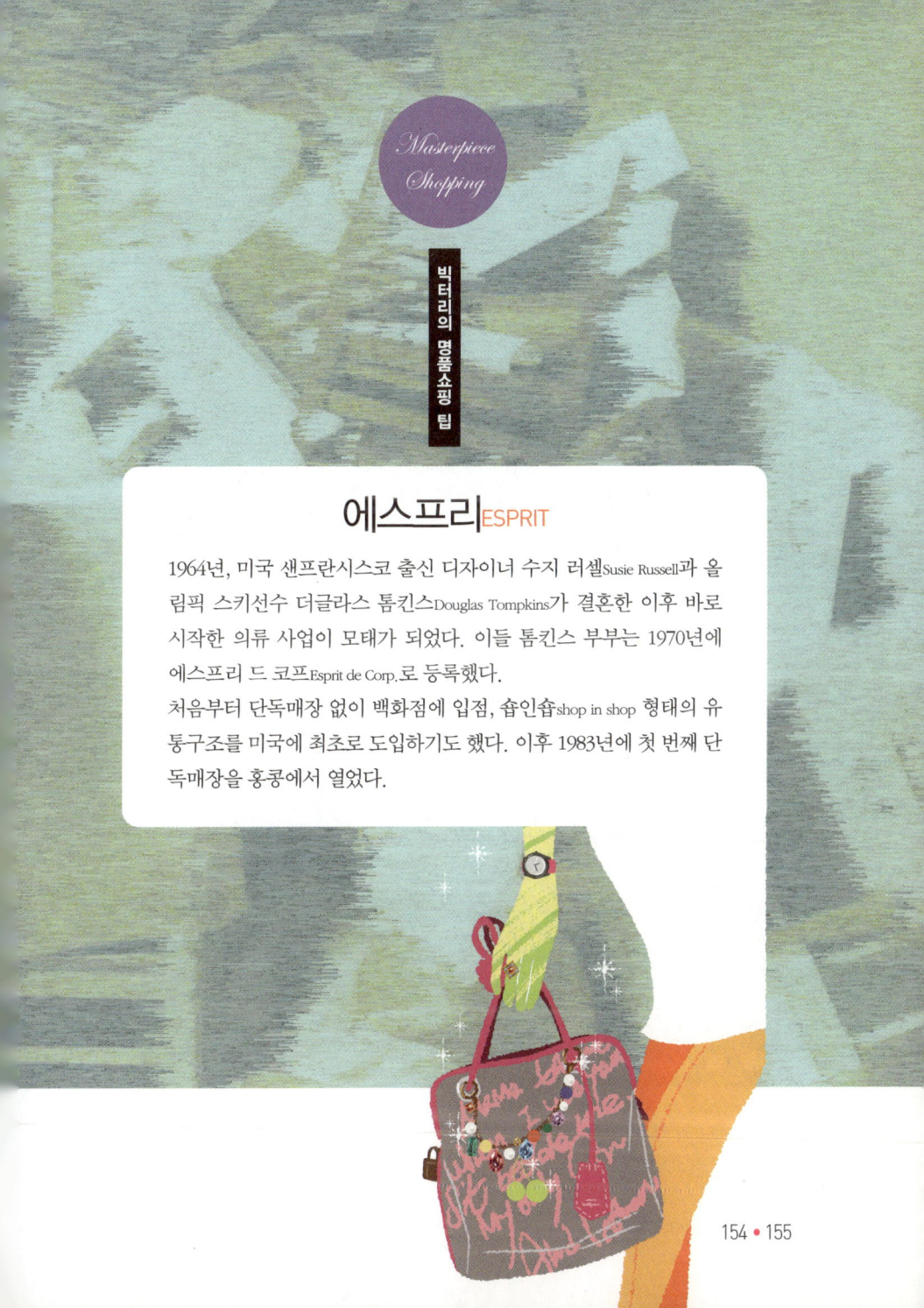

빅터리의 명품쇼핑 팁

에스프리 ESPRIT

1964년, 미국 샌프란시스코 출신 디자이너 수지 러셀Susie Russell과 올림픽 스키선수 더글라스 톰킨스Douglas Tompkins가 결혼한 이후 바로 시작한 의류 사업이 모태가 되었다. 이들 톰킨스 부부는 1970년에 에스프리 드 코프Esprit de Corp.로 등록했다.
처음부터 단독매장 없이 백화점에 입점, 숍인숍shop in shop 형태의 유통구조를 미국에 최초로 도입하기도 했다. 이후 1983년에 첫 번째 단독매장을 홍콩에서 열었다.

홍콩 명품 아울렛으로 떠나는 1박 3일 홍콩자유여행

빅터리의 명품쇼핑 팁

프라다와 미우미우 PRADA & MIUMIU

1949년 이탈리아 밀라노에서 태어난 프라다는 1978년 대학 졸업 후, 할아버지 마리오 프라다Mario Prada가 운영하던 가죽사업을 이어받았다. 프라다는 원래 패션사업엔 관심이 없었으나 1985년 포코노pocono 나일론 토트백tote bag이 큰 성공을 거두며 변화를 맞이했다. 모든 스타일에 잘 어울리는 토트백은 패션 트렌드를 형성하며 프라다 이름도 널리 알리는 계기가 되었다. 이후, 1989년부터 숙녀복 사업을 시작한 프라다는 1993년에 이르러 10대 후반과 20대 초반을 겨냥한 미우미우Miu Miu를 출시했다

펜디 FENDI

펜디Fendi는 바게트 핸드백으로 유명한 이탈리아 패션 브랜드이다. 아델 까사 그랑데Adele Casagrande에 의해 1925년 설립되었으며, 모피와 가죽 상품 매장을 로마에 두고 있다. 칼 라거펠트가 수석 디자이너이며, LVMH그룹에서 운영하고 있다.

홍콩 명품 아울렛으로 떠나는 **1박 3일 홍콩자유여행**

빅터리의 명품쇼핑 팁

크리스티앙 디오르 CHRISTIAN DIOR

1905년 노르망디에서 출생한 크리스티앙 디오르는 외교관을 지망하던 학생이었으나 1930년 유럽지역에 몰아닥친 공황恐慌 때 집안이 파산하여 1935년부터는 드레스와 모자 크로키를 그리다가 1938년 R.피게의 양장점의 디자이너가 되었다. 1947년엔 독립하여 프랑스 파리의 몽테뉴가街에 자신의 양장점을 열고 롱 플레어스커트를 '뉴룩' 라는 이름으로 발표하면서 대중에게 인기를 얻으며 이름이 알려지게 되었다.

샤넬 CHANEL

1883년 프랑스에서 출생한 가브리엘 샤넬Gabrielle Chanel의 이름을 본뜬 패션 브랜드이다. 샤넬은 1910년 파리의 캉봉거리Rue Cambon에 '샤넬모드Chanel Modes' 란 여성용 모자 가게를 열었고, 1913년에 프랑스의 도빌Deauville에 새로운 부티크를 열어 스포츠웨어를 출시하기도 했다. 1915년에는 비아리츠Biarritz에 쿠튀르 하우스couture house를 열었다길 건너에 루이비통 매장을 구경하다가 살바토레 페레가모 매장을 둘러봤다.

에르메스 매장을 만나고 조금 더 걸어가면 코치(COACH), 프라다, 구찌 매장이 나온다.

이어서 돌체&가바나 매장이 나오는데, 이곳에서 쇼핑한 후 길 건너의 H&M 매장을 들르자.

홍콩 명품 아울렛으로 떠나는 1박 3일 홍콩자유여행

빅터리의 명품쇼핑 팁

루이뷔통 LOUIS VUITTON

16세의 나이였던 루이뷔통Louis Vuitton은 1837년 트렁크 회사 견습공으로 일하기 시작했는데, 이후 1854년에 회사를 설립하고 파리에 최초의 매장을 열어 직접 제조한 여행용 가방을 판매하기 시작했다. 1867년에 파리 만국박람회에 참가해서 동메달을 획득한 이후 1885년에 영국 런던에 첫 번째 매장을 열었다. 세계에서 모조품이 가장 많기로 유명한 루이뷔통 브랜드는 1892년에 처음으로 가방을 만들기 시작했다.

살바토레 페라가모 SALVATORE FERRAGAMO

1914년 미국 캘리포니아에 정착한 이탈리아 남부 태생인 살바토레 페라가모 Salvatore Ferragamo는 1923년 할리우드 부츠숍을 열었다. 1927년 이탈리아 플로렌스로 돌아와 구두 매장을 열었으며, 1928년 오늘날의 페라가모 브랜드를 설립하였다.

H&M은 전세계적인 패션 브랜드로서 브랜드에 열광하는 소비자층이 두터운 반면, 한국의 소비자들은 주로 홍콩 등의 해외에서 H&M 상품을 소비하고 있다.

H&M을 나와 다시 길을 건너오자. 그러면 조이스(JOYCE) 매장이 나온다. 조이스 매장은 큰 규모를 자랑하는 명품 브랜드 편집매장이다.

홍콩 명품 아울렛으로 떠나는 1박 3일 홍콩자유여행

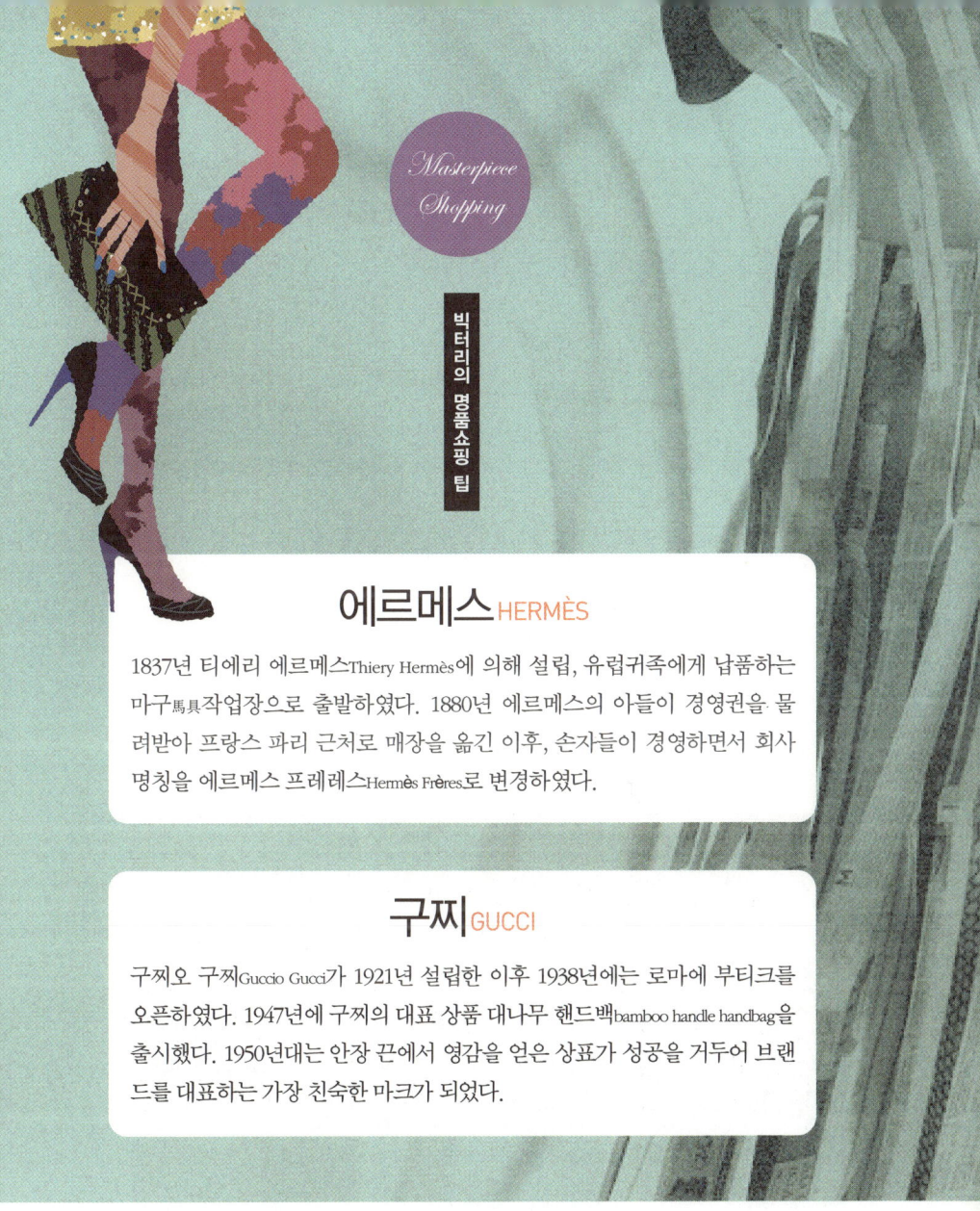

Masterpiece Shopping

빅 터 리 의 명 품 쇼 핑 팁

에르메스 HERMÈS

1837년 티에리 에르메스Thiery Hermès에 의해 설립, 유럽귀족에게 납품하는 마구馬具작업장으로 출발하였다. 1880년 에르메스의 아들이 경영권을 물려받아 프랑스 파리 근처로 매장을 옮긴 이후, 손자들이 경영하면서 회사 명칭을 에르메스 프레레스Hermès Frères로 변경하였다.

구찌 GUCCI

구찌오 구찌Guccio Gucci가 1921년 설립한 이후 1938년에는 로마에 부티크를 오픈하였다. 1947년에 구찌의 대표 상품 대나무 핸드백bamboo handle handbag을 출시했다. 1950년대 안장 끈에서 영감을 얻은 상표가 성공을 거두어 브랜드를 대표하는 가장 친숙한 마크가 되었다.

광동로드(Canton Road)에서 쇼핑을 이어갈 다음 매장은 엠프리오 아르마니 매장이다.

엠프리오 아르마니 매장을 나오면 이제 거의 광동로드(Canton Road)의 끝에 온 것과 같다. 마지막으로 들러야 할 곳은 에스프리 아울렛이다.

Masterpiece Shopping

빅터리의 명품쇼핑 팁

돌체 앤 가바나 DOLCE & GABBANA

1985년에 이탈리아 디자이너 Domenico Dolce & Stefano Gabbana가 밀라노에서 설립한 브랜드이다. 디자인의 특징은 주로 검은색을 사용하고 지오메트릭 패턴을 묘사한다는 점이다.

엠프리오 아르마니 EMPORIO ARMANI

1975년 조르지오 아르마니 Giorgio Armani가 세르지오 갈레오티 Sergio Galeotti와 함께 설립했다. 조르지오 아르마니 Giorgio Armani는 리나샌티 Rinascente 백화점에서 쇼윈도 장식가로, 니노세루티 Nino Cerruti에서 보조 디자이너로, 1970년부터는 프리랜서 의상 디자이너로 일했다. 1975년에 남성복 컬렉션을, 1975년에 여성복 컬렉션을 발표했다.

우리나라 돈 10만 원이면 의류제품 2~3개를 살 수 있을 정도로 저렴하다.
에스프리 아울렛 매장까지 둘러본 후 방향을 바꿔 호텔 쪽으로 다가서니
몽블랑, 피아제 매장들이 연이어 보인다.

홍콩 명품 아울렛으로 떠나는 1박 3일 홍콩자유여행

홍콩 패션거리 풍경

❶ 쇼핑을 하고 나와 잠시 내가 걸어온 길을 돌아보자. 저 멀리 호텔이 있는 곳이다.
  홍콩 거리엔 여전히 사람들이 바쁘게 어디론가 걷고 있다.
  길 건너엔 커다란 브랜드 광고가 보인다. 그리고 저 멀리, 높은 홍콩 아파트가 보인다.
❷ 홍콩 명품아울렛쇼핑 첫 번째 날, 호텔을 나와 들른 살바토레 페레가모 매장
  에서 바라본 쇼핑 거리이다. 이 길을 따라 계속 올라가면서 쇼핑을 한다.
❸ 호텔 쪽을 바라보는 방향이다.
❹ 이 거리 주위엔 다른 패션 브랜드들도 모여 있다.
  시계를 비롯한 액세서리 아이템 쇼핑도 곁들여 보자.

그에 앞서 길을 건너 호텔 쪽으로 걷다 보면 실버코드(SILVERCORD)가 나오는데 이 건물 3층에 또 하나의 명품 아울렛 IT OUTLET 매장이 나온다.

이곳은 전 세계에서 각양각색의 명품 브랜드 제품을 수집하여 홍콩을 찾은 관광객들에게 판매한다. 신상품은 드물고 주로 구제 상품을 판매한다.
정상 가격의 80~90%까지 할인된 가격으로 판매하는 경우도 많아서 많은 이들이 자주 찾는 곳이다. 월요일부터 일요일까지 쉬지 않으며 낮 정오부터 밤 10시까지 문을 연다.
실버코드를 나와서 호텔 쪽으로 걷다보면 롤렉스 매장도 나오고, 더 가까이 호텔 쪽으로 오면 바로 맞은편에 몽블랑 피아제 매장이 보인다.

홍콩 명품 아울렛으로 떠나는 1박 3일 홍콩자유여행

1박3일 홍콩여행의 첫날 저녁식사 전에 둘러본 여행의 순서이다. 저녁식사는 스타애비뉴에서 홍콩영화 스타를 만나보는 여행과 저녁식사를 곁들인 휴식을 동시에 하고, 밤 10시가 넘으면 홍콩 야시장 템플스트리트로 건너가 보자.

단, 시간이 된다면 홍콩시내에 들러 홍콩 사람들처럼 식사를 즐겨보는 것도 색다른 즐거움이다. 홍콩에서 꽤 오랫동안 운영 중인 맛집에 들러 홍콩의 정취를 느껴보자.

홍콩 침사추이 스타애비뉴 구경하기

MUST 2

'스타애비뉴' 거리는 홍콩영화 스타들의 흔적(?)을 만날 수 있는 곳이다. 전 세계에서 홍콩을 찾아온 사람들은 성룡, 이연걸을 기억하며 침사추이 스타애비뉴 거리를 방문한다.

그렇다면 스타애비뉴로 어떻게 찾아갈까? 대부분의 여행객은 여행사를 통해 관광을 온 덕에 여행사에서 빌려온 관광버스를 타고 곧장 스타애비뉴로 향한다. 하지만 이 책에서는 '나 홀로' 이동하는 길을 소개한다. 침사추이 역에서 스타애비뉴로 가는 방법은 여러 가지다. 침사추이 역에서 E출구로 나가 걸어가도 되고, 마르코폴로홍콩 호텔에서 걸어가는 방법도 있다.

호텔을 나와 침사추이 해안가 쪽으로 걷는다. 근처에 홍콩예술박물관으로 가는 방향과 같다. 걷다보면 지하보도가 나온다.

지하철과 연결되는 통로이기도 한데, 내려가서 스타애비뉴 방면의 길로 걷다보면 j2 출구라고 쓰인 에스컬레이터가 나온다.
에스컬레이터를 올라와서 길 건너 풍경을 보면 홍콩의 현대식 건물들이 보인다.

그 길을 따라서 조금 더 걸어야 한다. 이윽고 관광버스들이 모여 있는 장소가 나타나고 사람들이 해안가 쪽으로 발걸음을 향하는 걸 보게 된다. 여기가 바로 스타애비뉴이다.

이정표에는 星光大道(성광대도)라고 쓰고 영어로는 Avenue of Stars라고 쓴다. 조금씩 가까워지면서 이정표가 더욱 반갑다. 호텔에서 나와서 걸으면 지하도도 건너고 차도도 통과하기 때문에 남자 걸음으로 15~25분 정도 걸린다. 하지만 택시를 타고 가면 기본요금보다 조금 더 나오는 정도다.
그런데 한 가지 재미있는 물건을 발견했다. 스타애비뉴에서 사람들이 바다로 뛰어들기도 할까? 구명용 튜브가 보인다.
스타애비뉴에는 홍콩 스타들의 핸드 프린팅 보도블록을 볼 수 있다. 이연걸, 성룡, 류덕화, 주성치, 장만옥, 장학우 등의 수많은 스타들의 손바닥 모양이 새겨진 블록이 스타애비뉴를 가득 채웠다.

스타애비뷰에는 홍콩 스타들의 핸드 프린팅 보도블록을 볼 수 있다. 이연걸, 성룡, 류덕화, 주성치, 장만옥, 장학우 등의 수많은 스타들의 손바닥 모양이 새겨진 블록이 스타애비뷰를 가득 채웠다.

여행객들은 홍콩 영화에 흠뻑 취해서 직접 영화를 만들기라도 하는 것처럼 착각하는 듯 즐거운 시간을 보낸다.
그런 스타애비뉴에도 특히 더 빛나는 스타가 있다. 여행객들은 이소룡 동상 앞에서 저마다 걸음을 멈추고 사진을 찍기 시작한다.

스타애비뉴를 걸으며 바다를 바라보고, 스타들 사이에서 간단한 저녁식사를 즐겨보자. 홍콩영화 속 한 장면이 될 것 같은 즐거움이 새롭다.

호텔로 돌아오기

MUST 3

스타애비뉴에서 저녁식사를 하고 휴식을 취한 후 지하철역 주변으로 연결된 고가도로를 건너 돌아온다. 돌아올 때는 스타애비뉴와 연결된 고가 육교를 건너 도로공원을 가로지른 후 침사추이 역을 이용해 돌아온다.

홍콩 야시장을 나가기 전에 짐을 정리하고 귀중품은 금고에 넣어둔 후 꼭 필요한 돈만 갖고 나가도록 한다.

홍콩은 세계 각국에서 많은 사람들이 오는 곳이므로 예상하지 못한 일들이 생길 수 있다. 항상 소지품 관리에 유의하도록 한다.

http://www.cyworld.com/geekuj

홍콩에서 심천 들어가기, "앗, 내 지갑?"

드디어 2000년, 새로운 천년이 시작되던 해에 나는 회사를 설립했다. 패션상품을 디자인하고 수출하는, 기획과 생산을 하는 기업이었다. 거래처는 홍콩, 대만, 일본, 태국, 싱가포르, 중국, 미국 등 전 세계를 아우르며 하나씩 단계를 밟아가며 서서히 성장했다.

대기업 브랜드에서 근무하던 기억과 동대문 패션업체에서 근무하던 경험을 책으로 엮어냈던 기획이 있었는데, 베스트셀러에 오르며 인기를 얻기도 했다. 책을 출간한 이후 얼마 지나지 않아서 낯선 전화가 걸려왔다. 동대문에서 니트를 만들던 사업가가 지인들의 투자금을 받아서 말레이시아에 한국식 쇼핑몰을 열었다고 했다.

약 50억 원 정도가 투자된 한국형 쇼핑몰은 말레이시아 쿠알라룸푸르에 소재해 있었는데, 쇼핑몰을 시작한 이후 영업이 신통치 않아 투자자들 사이에서 위기설이 퍼지는 상황이었다.

내게 전화를 걸어 요청한 사람은 투자자 가운데 한 사람으로 말레이시아에 내가 방문해서 경영진단을 해달라는 것이었다. 나는 일정을 잡고 직원 한 명을 데리고 갔다. 그때 말레이시아 일정을 마치고 다시 홍콩에 들렀는데, 패션브랜드 수입을 원하는 거래처의 첫 미팅이 있었다. 장소는 심천. 홍콩에서 지하철을 타고 가기로 했다.

STYLE WITH STORY

홍콩 거래처가 있는 타임스광장에서 1차 상담 후에 심천으로 가기 위해 지하철역으로 갔다. 로우 역은 홍콩과 심천의 경계였는데, 홍콩 쪽 로우 역에서 표를 끊기 위해 지갑을 꺼내 돈을 지불했다. 그때 표를 들고 빠져나오는 내게 중국 여성이 말을 걸어왔다. "나, 중국어 몰라요"라고 대답하고는 혼자 낄낄대며 중국어 했다고 좋아하며 걸어갔는데, 이런 황당한 시추에이션.

지갑이 없어졌다!!!

뒤에서 말 걸어오는 여성을 의심하지 않았다니! 기차역에 붙은 포스터가 눈에 띈다. 소매치기 조심하라는 경고문! 오 마이 갓! 한국 돈으로 100만 원가량을 그대로 날렸다. 나를 바라보며 웃음 짓는 여성에게 잘 가시라고 미소 지으며 인사까지 했는데 말이다.

나중에 든 생각이었지만, 차라리 가져갈 바엔 말하고 가져갔으면 덜 억울했을 것이란 생각이 들었다. 돈 빼앗기는 줄도 모르고 바보 같이 웃으며 인사까지 나눴으니! 마침, 중국 상담처가 내게 경비를 부담해주기로 해서 비행기 값을 호텔에서 받았으니 그나마 다행이었다. 거지행색은 모면하게 되었으니 말이다.

홍콩 여행에 나서는 분들은 꼭 기억하자. 쇼핑도시인 만큼 쇼핑객들의 주머니를 쇼핑하려는 사람들도 많다. 항상 지갑은 안전하게 앞쪽으로 매고, 차비로 사용해야 하는 돈은 주머니에 따로 조금씩 나눠 보관하도록 하자.

FIVE

홍콩 야시장
템플스트리트 쇼핑하기

저녁식사를 스타애비뉴에서 마치고, 호텔로 돌아와 잠시 쉬다가 저녁 10시 이후에 템플스트리트로 나서보자. 택시를 타고 '템플스트리트' 라고만 하면 된다.

혼자 택시를 타기가 망설여진다면 호텔 콘시어지concirege 직원에게 부탁해 보자. 호텔 앞에서 택시를 세워주면 템플 스트리트 방향이라고 말해주면 된다.

호텔 나서기 전 준비사항

MUST 4

템플스트리트는 야시장이다. 밤에 영업을 하는 시장인 만큼 세계 각지에서 온 여행객들은 매일밤 템플스트리트를 찾아 신기하고 재미있는 경험을 기대한다. 홍콩의 매력이라면 대낮같이 훤한 밤거리이고 하루 24시간 움직이

는 역동성이 그대로 드러난다. 야시장 템플스트리트는 이런 홍콩의 매력을 제대로 느껴볼 수 있는 거리이다.

호텔을 나서기에 앞서 소지품을 챙겨보자. 여권이나 비행기 티켓 같은 중요한 물건은 호텔 방 금고 속에 넣어두거나 프런트데스크에 맡겨두도록 하자.

대신 카메라와 약간의 돈을 준비하도록 한다. 필자의 경우, 카메라는 스마트폰에 내장된 카메라로 준비했다. 그리고 오고갈 택시비와 약간의 간식을 사먹고 재미있는 기념품을 살 돈 정도만 준비했다. 지갑을 따로 준비하지

홍콩에 들르면 친구를 만나는 것도 즐거움이다. 왼쪽부터 홍콩영화감독 엽금홍, 와인소믈리에 청친, 그리고 글쓴이 '빅터 리'.

않고 청바지 앞주머니 양쪽에 택시비와 간식비를 나눠 넣었다. 청바지 뒷주머니에는 스마트폰을 넣으니 움직임이 한결 간결해졌다.

 손을 자유롭게 하자
여성의 경우, 핸드백을 들고 나가는 경우가 많은데 밤거리나 야시장으로 나갈 때는 되도록 핸드백이나 가방같이 손에 드는 물건은 최대한 생략하도록 하자.
재미있고 신나는 여행에서 양손으로 보고 만지고 느껴야 할 풍경이 너무 많다. 소지품에 신경 쓰다보면 낭패를 겪을 수도 있다.

템플스트리트 쇼핑
MUST 5

호텔에서 템플스트리트까지 택시를 탈 경우 대략 30~40홍콩달러를 준비한다. 차량이 많아 정체될 경우가 생길 수 있으니 대비하는 게 좋다. 이제 본격적인 쇼핑을 시작해보자.

이곳은 없는 것 빼고 다 있는, 그야말로 홍콩의 모든 물건이 있는 곳이다.

유명 패션브랜드와 비슷한 제품들도 많고 각양각색의 재미있고 신기한 상품들도 많다. 템플스트리트를 양 옆으로 가득 채운 가게들을 구경하며 걷다보면 시간 가는 줄 모른다.

홍콩의 명물거리를 걷다보면 한 가지 재미있는 공통점을 발견하게 되는데 상품진열 공간이 좌우 폭은 좁은 반면, 위로 솟은 높이가 상당히 높다는 점이다.

그래서 고객들은 물건을 구경할 때 허리 높이의 진열대뿐 아니라 머리를 들어 위도 쳐다본다. 가게 주인은 손님이 가리킨 물건을 꺼내기 위해 사다리를 타고 올라가거나 긴 장대에 고리를 달아서 높이 매달린 물건을 꺼내 온다.

템플스트리트에서 파는 물건의 가격은 대부분 100홍콩달러 미만이다. 우리나라 돈 15,000원이면 쇼핑이 가능한 물건들이 많다.

템플스트리트를 돌아보며 만족스러운 쇼핑을 마쳤는가? 그렇다면 이제 야식을 즐기러 이동하자. 홍콩의 요리, 그중에서도 홍콩의 야시장에서 먹는 요리는 안 먹어본 사람은 모른다.

정말 재미있고 낭만적이다.

HONG KONG BEST INFOMATION

외국인들의 필수코스, 템플스트리트

이 지역은 특히 홍콩을 찾는 모든 외국인들에겐 필수 코스가 되어버린 곳이다. 홍콩에 가면 반드시 '야시장'을 가보라는 이야기를 귀가 아프도록 들었던 여행객들은 홍콩을 떠나기 전 반드시 이곳을 들러야 한다는 일종의 의무감마저 갖는 것이다.

템플스트리트엔 싼 물건도 많고 재미있는 물건도 많다. 그래서 각 국의 보따리무역상들이 즐겨 찾는다. 저렴한 가격에 다양한 물건을 가져다가 팔고, 또다시 물건을 준비하러 온다. 그래서 통로를 지나다 보면 손님과 가게주인이 반갑게 인사를 나누는 장면을 자주 볼 수 있다.

홍콩 야시장 음식 즐기기

MUST 6

템플스트리트를 걷다보면 통로가 끝나고 다른 통로와 연결되는 곳의 좌우로 식당거리가 형성되어 있는 걸 보게 된다. 밤 12시가 넘은 시간이지만 템플스트리트는 쇼핑을 하거나 음식을 즐기는 사람들로 북적댄다.

홍콩은 중국의 광동성 지방에 속한다. 예로부터 중국은 4대 요리가 유명한데 북경요리, 사천요리, 광동요리, 상해요리를 알아준다. 그 가운데 홍콩은 광동요리에 속하며, 대부분 해산물로 만들어지는 게 특징이다.
템플스트리트에 인접한 게 요리 식당에 들어섰다. 커다란 게가 음식점 간판에 붙어 있는 이 식당은 해산물 요리점이다. 식당 주변을 오가는 사람들

홍콩 명품 아울렛으로 떠나는 **1박 3일 홍콩자유여행**

을 불러들이는 식당 직원들의 움직임이 부산하다.

자리에 앉아서 잠시 홍콩 거리를 둘러본다. 삼삼오오 모여 앉아 홍콩의 밤을 즐기는 사람들을 보는 것만으로도 즐겁다.

야시장 거리에 모여 있는 식당들은 가게마다 특색 있는 요리를 내세운다. 진정한 중국의 맛있는 요리라고 쓰인 간판이 보인다. 매운 게 요리이다.

시간이 흐르면서 빈 테이블에도 사람들이 들어선다. 템플스트리트에서 쇼핑을 마친 사람들이 허기를 달래고자 모여든다.

식당점원이 메뉴판을 가져왔다. 음식가격은 35홍콩달러나 38홍콩달러 정도로, 한국 돈으로 5,600원, 6,100원 정도 되는 금액이다. 1인분이 아니라 요리 한 접시의 가격이다.

다른 요리는 바지락과 소라 요리인데 매운 후추를 곁들여서 만든 것으로 45홍콩달러, 우리나라 돈으로 7,200원 정도이다. 면 요리랑 조개 요리를 시켜보자.

식사를 마치고 다시 템플스트리트를 걸어 되돌아가서 택시를 타고 호텔로 돌아갔다.

호텔로 돌아오기

MUST 7

템플스트리트에서 택시를 타고 호텔로 돌아온다. 여성 혼자서 떠난 여행이라면 밤에 즐겨보는 템플스트리트 코스를 추천하진 않는다. 여자 친구 둘이나 남자인 경우엔 상관없지만 말이다. 여성 혼자서 여행을 온 경우엔 템플스트리트를 오후에 여행해볼 것을 추천한다. 하루 24시간 문을 여는 홍콩의 거리에서 늦은 오후 저녁 식사 전에 둘러보는 템플스트리트도 매력적이다.

호텔에 돌아온 이후엔 아침까지 숙면을 취하도록 한다. 1박3일 여정에서 두 번째 밤은 비행기에 잔다는 점을 잊지 말자. 편안한 호텔 방에서의 숙면을 통해 오늘 하루 피로가 싹 가시도록 쉬자.

에어컨은 약하게 조절하자. 좁은 방 안에서 에어컨을 틀고 자면 다음날 아침 목감기에 걸릴 수도 있다. 반드시 이불로 배를 덮고 자도록 한다. 오늘 여행 코스보다 내일 여행할 코스가 더 많다. 무조건 편안하게 푹 쉬라는 이야기다.

SIX

홍콩 도매시장
라이치콕에서 쇼핑하기

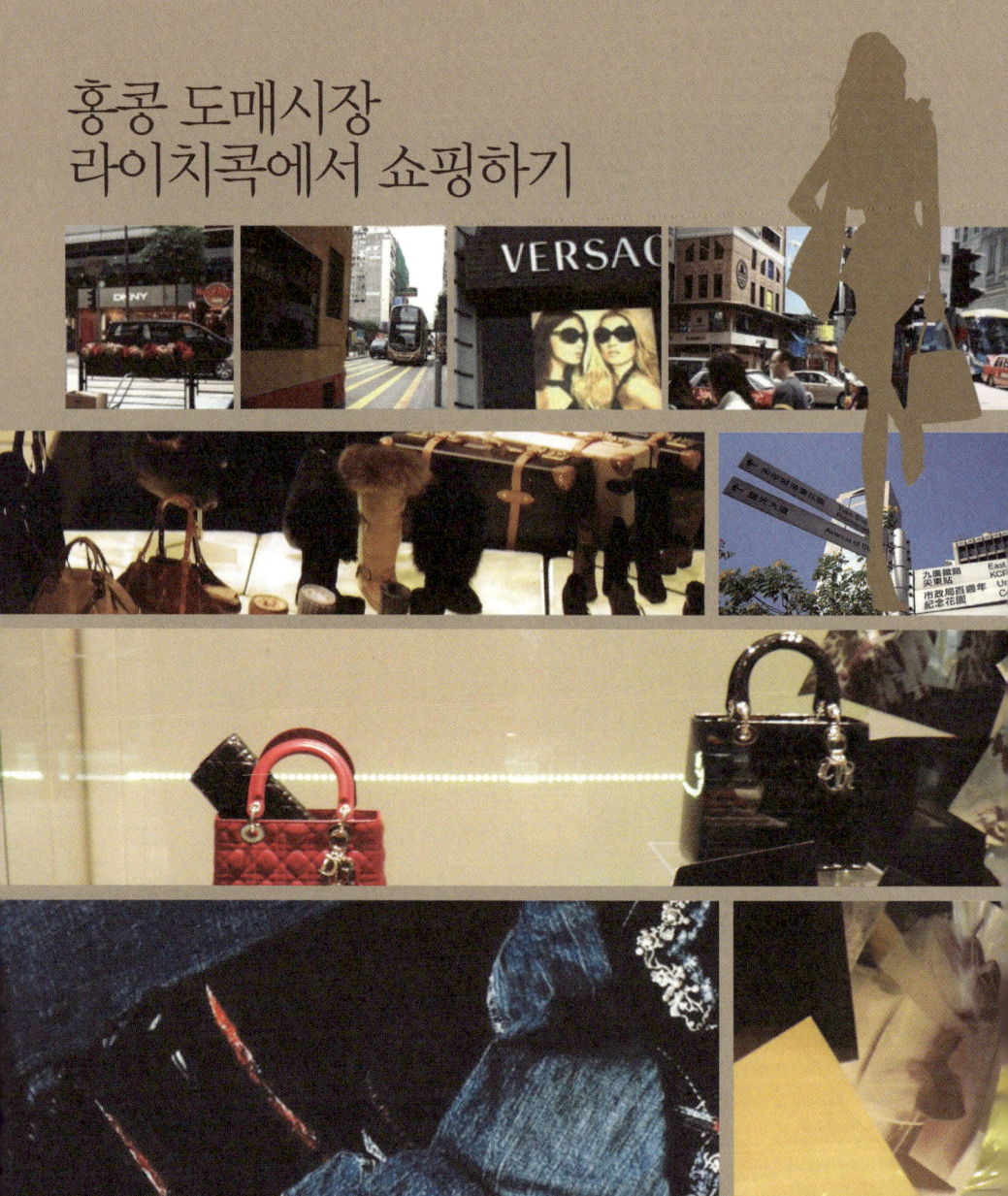

1박3일 홍콩여행 일정에서 이틀째 되는 날이다. 평소 한국에서의 습관대로 잠에서 깼다면, 잠을 충분히 잔 것 같은데 시간은 이른 것처럼 느껴질 것이다. 홍콩은 한국보다 한 시간이 늦기 때문이다.

호텔 체크아웃 하기
MUST 8

이제 호텔을 나서자. 체크아웃을 위해 프런트데스크로 가기 전에 먼저 빠트린 짐이 없는지 세심하게 확인한다. 지금 방을 나서면 다시 돌아오기 힘드니까 최대한 주의를 기울이자. 욕실에 남겨둔 면도기나 헤어밴드는 없는지, 스마트폰 충전은 다 했는지, 금고에 넣어둔 물건은 없는지, 옷장에 걸어둔 옷은 없는지 말이다.

마지막으로 쇼핑한 물건을 가방 안에 잘 정리정돈해서 손에 들어야 할 짐을 최대한 줄이도록 노력한다. 오늘은 호텔 문을 나서는 순간부터 공항에 도착하기까지 편안하게 쉴 만한 시간도 별로 없다.

호텔 비용 보증금 받기

MUST 9

프런트데스크에 들러 보증금 영수증을 내고 체크아웃을 하겠다고 말하면, 호텔 직원이 다른 직원에게 연락해서 내가 묶었던 방을 살펴보게 한다. 미니Bar에서 마신 음료는 없는지, 기타 호텔 방의 물품은 이상 없는지 확인하는 과정이다. 직원에게서 이상 없다는 연락이 오면 프런트데스크 직원은 보증금을 돌려주며 서명을 요청한다. 체크인할 때 맡겼던

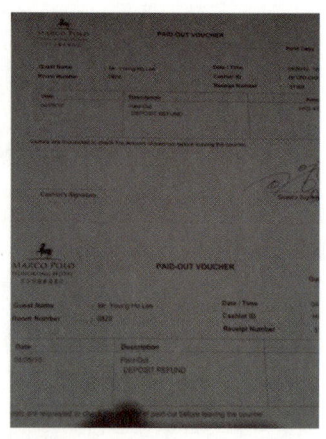

보증금을 다시 돌려받았다는 확인을 위해서다. 단, 방에서 전화를 사용했거나 기타 비용이 발생했을 경우 맡겼던 보증금에서 제한 후 잔액을 돌려받는다.

아침식사를 하려면 주변 식당을 들러보자. 아침식사를 외식으로 해결하는 중국인들의 문화 탓에 아침에도 문을 연 식당들이 많다.

이른 아침이므로 간단하게 식사를 하면 좋다.

홍콩 명품 아울렛으로 떠나는 **1박 3일 홍콩자유여행**

우리나라의 분식점 정도로 생각하면 되는 식당이다. 음식 가격은 1인분에 5홍콩달러나 8홍콩달러로, 우리나라 돈으로 800원이나 1,300원 정도의 금액으로도 간단한 요깃거리가 된다.

홍콩 패션도매시장 라이치콕 찾아가기
MUST 10

침사추이 역으로 내려와서 라이치콕 역을 찾아가자. 표를 끊고 들어오면 지하철을 기다리는 통로 곳곳에 작은 철 받침이 보인다. 지하철 이용객들이 앉을 수 있는 의자다. 우리나라의 경우와는 많이 다르다.

지하철이 들어오고 사람들이 타기 시작한다. 또 한 가지, 지하철 손잡이가 재미있다. 작고 앙증맞게 생긴 빨간 손잡이가 돋보였다.

라이치콕 역에 내려서 출구를 찾기는 어렵지 않다. 지하철 곳곳에 안내센터 안내판이 보인다.

표를 다시 넣고 나와서 C출구를 찾아간다. 오늘 가는 곳은 홍콩의 패션상품 도매상가이다. 중국 및 동남아시아 패션업체들이 홍콩에서 물건을 수입한다는 것은 익히 알려진 이야기이다. 홍콩은 세계 각국으로 수출되는 패션상품을 한눈에 볼 수 있고 쇼핑할 수 있는 곳이다.

C출구를 가리키는 표지판을 찾아보자. Tung Chau West Street(통차우 서쪽 거리)라고 쓰인 곳이 있다. 이 길로 계속 걸어간다. C출구 앞에 도착했다.

지하철 출구 밖으로 나오면 건물을 끼고 우회전을 한다. 조금 걷다 보면 '홍콩공업중심'이라고 쓰인 건물이 보인다.

지하철로 라이치콕을 찾아가기 어렵다면 택시를 타도 된다. 라이치콕 지하철역 C번 출구 앞으로 가달라고 하거나, Castle Peak Road(靑山道) 491-489번지로 가달라고 해도 된다.

홍콩시내 침사추이 역에 내려서 걸어올 수 있는 곳이기도 하다. 패션도매 상가 주변 거리풍경도 여느 시내 분위기와 크게 다르지 않다.
라이치콕 지하철역 C출구로 나와 우회전해서 걸어가면 30m 이내에 홍콩공업센터가 있다. 건물 1층의 간판에는 장강시장피발광장(長江時裝批發廣場)이라고 쓰여 있다. 장강패션도매센터라는 의미로 해석할 수 있다.

택배서비스 & 환전소

한 가지 알아둘 점은 홍콩패션도매센터에서 쇼핑을 마친 후 짐이 많을 경우 택배로 부칠 수 있다. 역 바로 옆에 DHL, UPS 등의 운송회사 사무소가 있어서 여행객들의 손을 한결 가볍게 해주고 있다.
뿐만 아니다. 현금이 필요한 여행객을 위해 환전소까지 갖추고 영업을 하고 있다.
이 모든 것들이 라이치콕 지하철역 C1 출구 바로 옆에 모여 있다.

쇼핑을 마친 후 손에 들고 있던 짐을 서울로 부쳐버리고 손가방 하나만 어깨에 멘 상태가 되었다. 가벼워진 움직임 덕분에 자유롭게 걸으며 목을 축이기 위해 음료수 가게를 찾기로 했다.
전주나이차(珍珠奶茶)라고 불리는 음료수 가게가 있다. 중간 컵은 9홍콩달러, 큰 컵은 11홍콩달러에 판매한다.
홍콩공업센터 길 건너엔 패션도매상가가 하나 더 있다. 다양한 패션상품을 저렴한 가격에 쇼핑할 수 있는 라이치콕 역 주변거리이다.

홍콩 도매시장 라이치콕 쇼핑하기

MUST 11

겉으로 보기엔 다소 낡은 분위기라 실망할 수도 있다. 홍콩에 처음 오는 사람들의 경우 현대식 건물만 보다가 낡은 건물을 만나게 되면 들어가기를 망설이는 경우가 종종 있다.

그러나 **홍콩에서 겉으로 낡아 보이는 건물이 내부까지 낡고 오래되었다고 판단하는 건 금물이다.** 홍콩이나 대만 등의 더운 지방의 건물들은 잦은 비와 태풍 등으로 인해 건물 외부 벽이 쉽게 상한다. 그 때문에 건물 외부 벽에 욕실용 타일을 붙인 건물들도 많다.

내부로 들어가 보자.

외부 느낌과 상반되는 내부 분위기는 이곳이 홍콩의 패션수출지역이란 느낌을 갖고도 남게 한다.

영캐주얼 위주의 다양한 상품들이 진열되어 사람들의 시선을 끌고 있다. 각 층은 상품 종류별로 나뉘어 가방, 액세서리뿐 아니라 도매상품 특화층도 마련되어 있다. 각 매장은 새로운 신상품을 디스플레이 해두거나 각 매장의 디자인을 내세우기도 한다.

'홍콩공업중심'은 홍콩 라이치콕에 위치한 패션도매상가를 말한다. 한국의 인터넷쇼핑몰 운영자를 비롯한 세계의 상인들이 모여들고 매일매일 수출과 수입이 일어나는 곳이다.

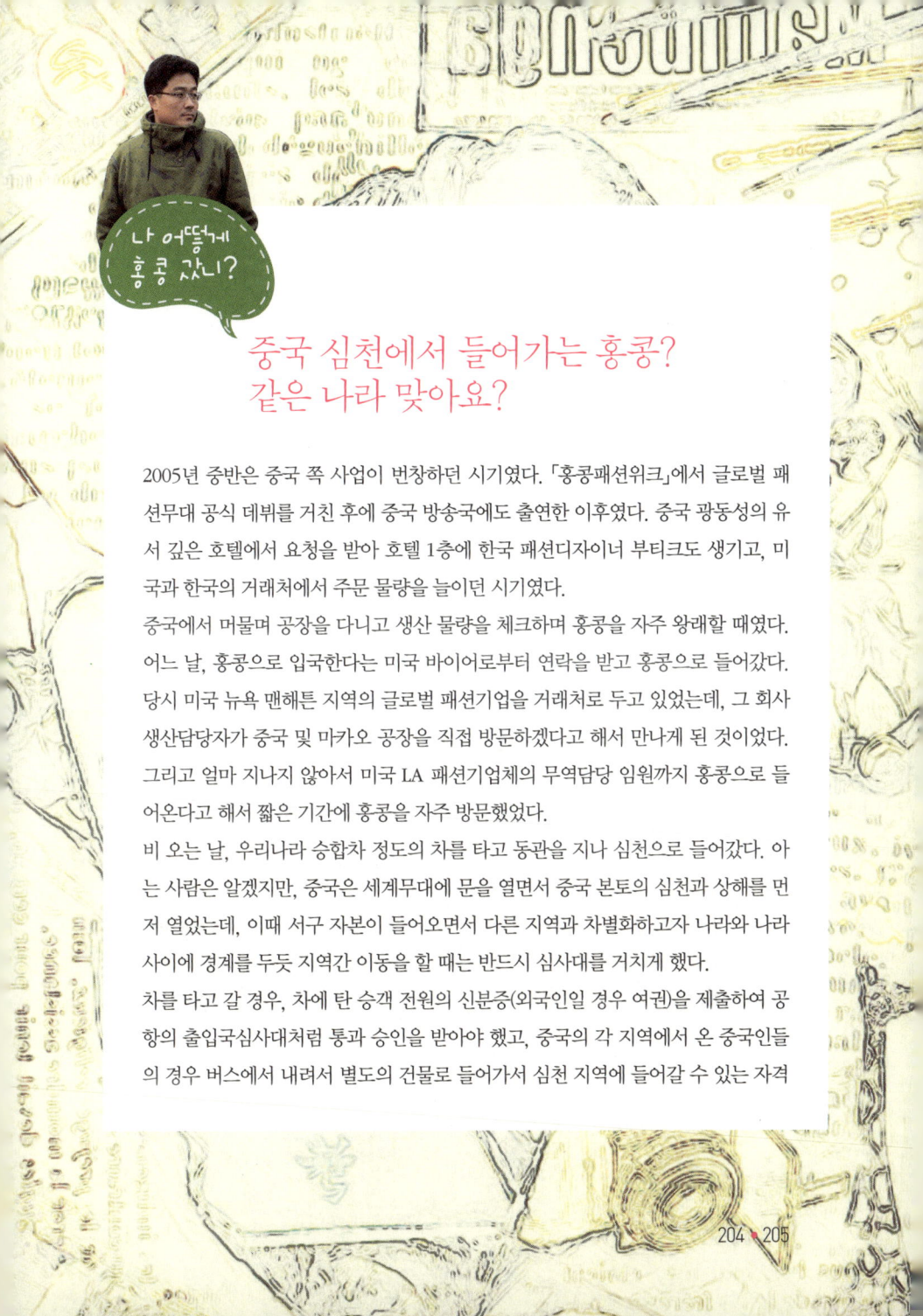

나 어떻게 홍콩 갔니?

중국 심천에서 들어가는 홍콩? 같은 나라 맞아요?

2005년 중반은 중국 쪽 사업이 번창하던 시기였다. 「홍콩패션위크」에서 글로벌 패션무대 공식 데뷔를 거친 후에 중국 방송국에도 출연한 이후였다. 중국 광동성의 유서 깊은 호텔에서 요청을 받아 호텔 1층에 한국 패션디자이너 부티크도 생기고, 미국과 한국의 거래처에서 주문 물량을 늘이던 시기였다.

중국에서 머물며 공장을 다니고 생산 물량을 체크하며 홍콩을 자주 왕래할 때였다. 어느 날, 홍콩으로 입국한다는 미국 바이어로부터 연락을 받고 홍콩으로 들어갔다. 당시 미국 뉴욕 맨해튼 지역의 글로벌 패션기업을 거래처로 두고 있었는데, 그 회사 생산담당자가 중국 및 마카오 공장을 직접 방문하겠다고 해서 만나게 된 것이었다. 그리고 얼마 지나지 않아서 미국 LA 패션기업체의 무역담당 임원까지 홍콩으로 들어온다고 해서 짧은 기간에 홍콩을 자주 방문했었다.

비 오는 날, 우리나라 승합차 정도의 차를 타고 동관을 지나 심천으로 들어갔다. 아는 사람은 알겠지만, 중국은 세계무대에 문을 열면서 중국 본토의 심천과 상해를 먼저 열었는데, 이때 서구 자본이 들어오면서 다른 지역과 차별화하고자 나라와 나라 사이에 경계를 두듯 지역간 이동을 할 때는 반드시 심사대를 거치게 했다.

차를 타고 갈 경우, 차에 탄 승객 전원의 신분증(외국인일 경우 여권)을 제출하여 공항의 출입국심사대처럼 통과 승인을 받아야 했고, 중국의 각 지역에서 온 중국인들의 경우 버스에서 내려서 별도의 건물로 들어가서 심천 지역에 들어갈 수 있는 자격

심사를 거쳐야 했다.

처음엔 나도 버스를 타고 중국인들과 같이 이동했는데, 아무리 주위를 둘러봐도 중국인들만 있고 외국인이 없었다. 이상하긴 했지만 그래도 여권을 들고 기다렸다가 심사원에게 여권을 제출하자 외국인은 저쪽으로 가라며 그제야 담당자를 안내해주는 것이 아닌가? 이때의 착오를 교훈 삼아 이후부터는 자동차를 타고 도로에서 입경심사를 거쳐 심천을 오갔다.

자치구 경계를 통과하고 로우 역에서 들어가는 홍콩지하철은 그래서 주말이면 사람들 인파로 북적댄다. 홍콩 사람들 가운데 심천 지역과 광저우에서 공장을 운영하거나 회사에 다니는 사람들은 월요일에 중국으로 들어가서 금요일에 다시 나오는 경우가 많았기 때문이다. 장관이었다. 좁은 지하철 통로를 수많은 사람들 행렬이 이동하는 틈에 끼어서 중국과 홍콩을 오고가는 내 모습이기도 했다.

나중엔 지하철보다 기차가 편하다는 말을 듣고 홍콩에서 기차를 타고 광저우로 직접 들어가곤 했는데, 홍콩 로우 역에서 지하철을 타고 심천으로 들어간 후 다시 자동차로 광저우로 가는 시간과, 홍콩에서 직접 기차를 타고 광저우로 들어가는 것에는 큰 시간차이가 없었다.

공통점이 있다면 그건 바로 더운 날씨와 그 날씨에 다녀야 하는 고생이었다. 홍콩에는 별로 없지만 심천이나 광저우에 들르면 더운 날씨 탓에 거리에서 웃통을 벗고 다니는 남자들을 많이 볼 수 있다.

광동성 사람들의 또 하나 특징이 신체가 왜소하고 키가 작다는 것인데, 어른의 평균 신장이 160cm대였다. 그런 곳에서 187cm에 달하는 내가 일을 보러 다녔으니 광동성 어느 곳엘 가든지 한눈에 띄었고, 다른 중국인들의 주목을 받은 건 당연했다.

또 한 가지 재미있는 일은 광동성의 경우 40도까지 올라가는 기온 탓에 대부분의 회

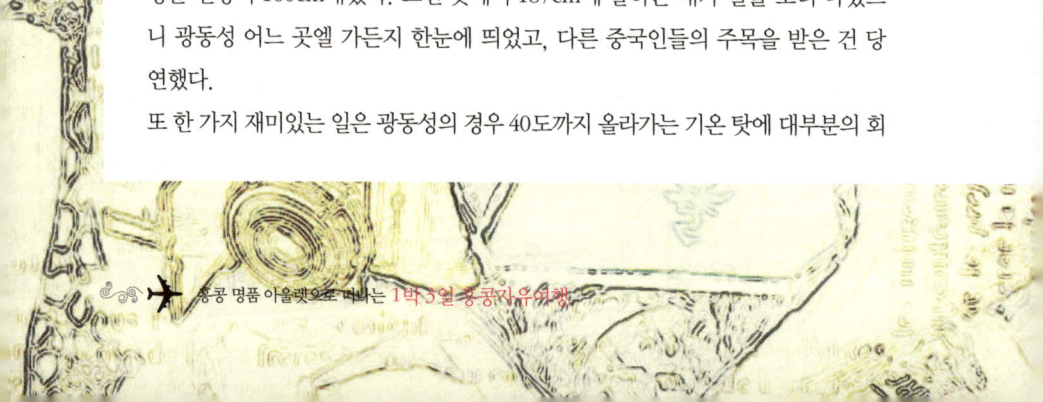

STYLE WITH STORY

사와 공장은 오전에 일하고 낮 시간대는 일을 안 하며, 저녁식사를 마친 이후 새벽에 일하는 곳이 많다는 것이다. 광동성은 그렇게 토요일과 일요일을 가리지 않고 일하는 곳이 많으며 일부 관공서에서는 수출업무를 지원하고자 휴일에도 수출업무를 보는 곳도 있다.

너무 더운 날씨에 이따금 비가 내려도 잠시 시원한 기분을 느낄 뿐이었다. 비가 내려도 빨리 말랐다.

지역적으로 광동성 바로 옆인 홍콩에서 미국 바이어를 만나 상담을 마치고 거리 관광에 나섰다. 빅토리아피크에 올라서 홍콩 야경을 내려다보며 감탄해 사진도 찍고, 하버시티에 들러 명품쇼핑 시간도 가졌다. 빅토리아피크에 있는 식당에서 맛있는 음식과 함께 중국식 맥주를 맛보며 분위기에 젖는 것도 큰 즐거움이다. 다만, 홍콩 거리 관광에 나설 때는 반드시 손을 가볍게 하자는 것이다.

무거운 캐리어를 끌고 다닌 적이 있었는데, 도로와 도로의 경계턱이 별로 높지 않아 캐리어 가방을 끌고 다니기엔 편리했으나 문제는 역시 날씨였다. 중요한 샘플이 든 가방이라도 이따금 나도 모르게 확 던져버리고 싶은 기분이 들 때가 한두 번이 아니었다.

가방은 들거나 끌지 말자. 오로지 선글라스에, 허리에 매는 작은 가방 정도면 충분하다. 침사추이에 들러 페리를 타고 홍콩섬으로 이동해보고, 침사추이 해변의 마천루들을 구경하며 도대체 돈이 얼마나 많은 사람들이기에 저렇게 높은 건물을 지을까 구경하는 재미도 쏠쏠하다.

세계 굴지의 브랜드여야만 광고를 올릴 수 있다는 침사추이 해변가의 광고판 가운데에 삼성그룹과 LG그룹의 광고가 보인다. 언젠가 반드시 내가 만드는 패션브랜드 콩나물(KONGNAMUL)을 저곳에 걸겠다는 다짐을 해보면서 나는 지금도 홍콩에 갈 때면 일을 마친 후 침사추이 해변에 앉아 광고판을 바라보곤 한다.

SEVEN

홍콩 시장 프린스 에드워드 & 몽콕에서 쇼핑하기

라이치콕을 빠져나와 다음 이동할 곳은 특히, 중국에서 생산한 패션 제품을 들여와 세계로 수출하고 있으며, 최근 그 양이 많이 줄어든 상황이지만 한국에서 만든 물건도 이곳에서 거래된다. '프린스 에드워드'와 '몽콕'이다. 이곳에선 홍콩의 재래시장을 느껴보는 시간을 갖도록 한다.

홍콩시내에서 공항 가는 방법

MUST 12

만약 홍콩의 재래시장을 둘러볼 시간이 부족할 경우 곧장 공항으로 가거나 쇼핑을 위해 칭이(青衣) 역으로 이동해도 된다. 공항까지 운행하는 공항고속철도 역이 있어서 비행기 시간에 맞춰 부담 없이 쇼핑을 즐길 수 있다.

공항고속철도 티켓이다.

시내에서 공항으로 갈 경우, 침사추이로 가서 A21번을 타면 홍콩공항에서 시내로 온 것처럼 반대방향으로 공항까지 간다. 홍콩공항의 버스정류장에서 내리면 항공사 카운터로 이동해 비행기표를 끊으면 된다.

그러나 버스가 아니라 공항고속철도를 타고자 할 경우엔 구룡Kowloon 역까지 지하철이나 택시를 타고 이동해서 홍콩공항까지 MTR을 갈아타고 이동하면 된다. 공항까지 가는 가장 빠르고 편안한 방법이다. 편도요금이 1인에 90홍콩달러이다.

티켓을 끊고 공항고속철도를 탑승하는 곳으로 간다.   공항고속철도 내부이다. 탑승구 옆으로 짐을 올려두는 장소가 마련되어 있다.

홍콩 시장 '프린스 에드워드'에서 쇼핑하기

MUST 13

프린스 에드워드 지역은 몽콕 쪽과 동시에 둘러볼 수 있는 곳이다. 홍콩의 재래시장과 연결되어 거리도 멀지 않으며, 이곳에 특화된 수족관 시장이 눈길을 끈다.

거리를 걷다보면 지하철역이 하나 나오는데, 몽콕동쪽 역이다. 지하철을 이용할 경우 왕자태자(프린스 에드워드) 역 또는 몽콕동쪽 역을 이용한다.

花園街(fa yuen street)라고도 불리는 지역으로 홍콩 사람들의 일상생활과 아주 가까운 모습을 체험할 수 있다.
시장 구조는 중앙통로 대로변 포장마차 스타일의 가게와 그 외부를 지탱하는 건물 입점식 매장으로 구성되어 있다.

재미있는 홍콩 시장 둘러보기
MUST 14

화위엔 거리에서 느껴보는 홍콩 재래시장의 재미는 한국의 재래시장과 크게 다르지 않다.
아이들 장난감부터 어른들 속옷까지 판매하고 있고, 한쪽에서는 과일을 진열해두고 손님을 불러 모으기도 한다.

특이한 것은 노점 형태의 상인들을 건물 입점식 매장 통로 사이로 끌어들여서 노점과 상점이 공존하는 구조를 만들었다는 것이다. 우리나라 남대문시장 등에서 볼 수 있는 것처럼 상점 사이 도로에서 먹거리와 간단한 액세서리 등을 판매하는 노점이 아니라, 얼핏 보면 시장의 주도권을 가진 일반 상점처럼 보인다.

오히려 마차 뒤로 가려져서 잘 안 보이는 일반 매장들이 나중에 시장으로 들어온 것처럼 보이는데, 이와 같은 구조에 대해 홍콩 사람들은 이미 익숙하다는 듯 상점에서 옷을 구입하려는 사람들과 도로에서 노점이 진열한 상품을 구경하는 사람들이 서로 질서가 있다.

홍콩 몽콕에서 둘러보는 '여자들을 위한 거리'

MUST 15

침사추이 역에서 몽콕 역 주변에 있는 '여자들을 위한 거리'로 찾아가보자. 이곳에선 패션상품을 주로 판매하는데 다양한 액세서리를 비롯한 여자를 위한 상품이 많다.

지하철표를 꺼냈다. 침사추이 역에서 몽콕 역까지는 멀지 않다. 지하철로 들어와서 정거장 수를 세어보니 세 정거장 떨어진 곳이다.

홍콩의 지하철은 우리나라와 크게 다르지 않다. 안전 칸막이를 사이에 두고 지하철이 도착하면 문이 열려 탑승하게 된다.

침사추이 역에서 추엔완(Tsuen Wan) 방향의 지하철을 타야 한다. 홍콩 지하철 내부의 빨간 기둥이 눈에 띈다. 지하철 차량의 폭은 우리나라 지하철보다 약간 좁은 느낌을 주는데 지하철 차량 연결 통로에 유리문이 없고, 통으로 뚫린 것이 색다르다.

지하철에선 타는 곳에 따라 엘리베이터로 이동할 수 있다. 세 정거장을 지나면 몽콕에 도착한다.

홍콩 지하철은 지하철 내의 주변 약도를 잘 살펴야 한다. 몽콕 역 주변 '여자들의 거리(女人街)'의 위치를 파악한다.

홍콩 명품 아울렛으로 떠나는 1박 3일 홍콩자유여행

홍콩 지하철 통로에 있는 은행 현금지급기에는 바쁜 홍콩인들이 항상 오고 간다. 빨간 라인을 표시하여 한 줄로 서서 차례대로 현금지급기 기계를 이용하는 모습이다.

여자들의 거리로 가기 위해서는 몽콕역 D3 출구로 나가야 한다.
몽콕역 D3 출구로 나가서 여자들의 거리로 향하는 길이다. 홍콩시내 거리엔 항상 사람들이 붐빈다.
얼마 동안 걸었을까? 도로 한쪽으로 굽이 길 통로를 가리키는 이정표가 보였다. 여자들의 거리로 가는 길을 안내하고 있었다.

여자들의 거리는 영업을 조금 늦게 시작한다.
아침 시간보다는 늦은 오후 시간에 방문하는 것이 좋다.

홍콩 명품 아울렛으로 떠나는 **1박 3일 홍콩자유여행**

아침 시간인데도 서양 여성들이 여자들의 거리를 여행 중이다. 여자들을 위한 거리라는 이름에 걸맞게 통로에 있는 어느 매장에서는 남성용 속옷을 판매 중이다. 구경하던 서양 여성들이 손가락으로 가리키며 웃는다.

젊은이들의 패션거리, 몽콕 역 주변

몽콕역 주변은 젊은이들의 패션거리로 유명한 지역이다. 홍콩 브랜드 및 해외 유명 브랜드 의류를 입은 젊은이들을 쉽게 볼 수 있으며, 그만큼 스타일과 트렌드에 민감한 곳이기도 하다.
홍콩여행을 통해 아시아의 트렌드를 보고 싶다면 꼭 한 번 이상은 방문해보길 추천하는 지역이다.

여자들의 거리는 긴 통로는 아니다. 단, 골목이 끝나는 지점에서 다시 여러 갈래로 나뉘어 지역 특색을 유지하고 있었다. 이곳에서는 패션소품으로서 액세서리와 티셔츠, 가방 등의 소품을 쇼핑할 수 있다.

홍콩 명품 아울렛으로 떠나는 1박 3일 홍콩자유여행

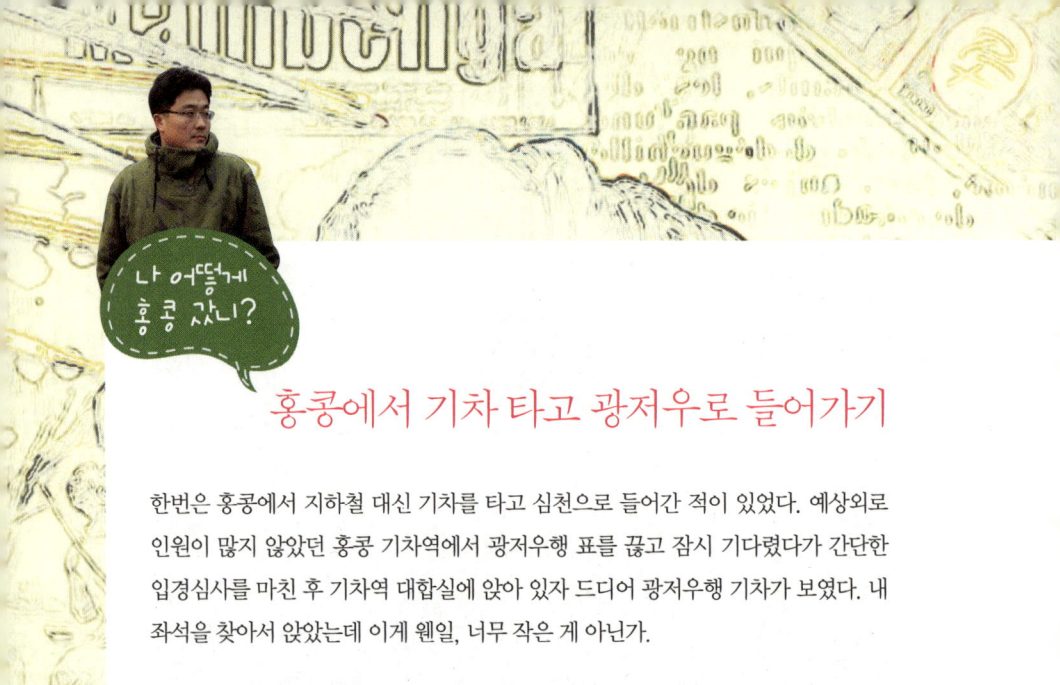

홍콩에서 기차 타고 광저우로 들어가기

한번은 홍콩에서 지하철 대신 기차를 타고 심천으로 들어간 적이 있었다. 예상외로 인원이 많지 않았던 홍콩 기차역에서 광저우행 표를 끊고 잠시 기다렸다가 간단한 입경심사를 마친 후 기차역 대합실에 앉아 있자 드디어 광저우행 기차가 보였다. 내 좌석을 찾아서 앉았는데 이게 웬일, 너무 작은 게 아닌가.

푹신하지 않은 의자에 좁은 등받이는 내 신체조건과 맞지 않았다. 요금은 당시 200위안이 조금 안 되는 금액으로, 홍콩에서 지하철을 타고 심천을 거쳐 광저우로 가는 것과 시간적으로나 경제적으로 그렇게 큰 차이가 없었다. 내가 기차를 선택한 이유는 한 번에 이동한다는 편리함과 앉을 수 있다는 안락함이었는데 예상은 빗나갔다.

기차는 덜컹거렸고, 광저우로 향하는 동안 평소에 곱게 숨겨둔 내 엉덩이가 연신 딱딱한 의자에 부딪혀 굳은살이 박일 정도였다. 물론 지금은 기차 좌석 상태가 예전보다 나아졌겠지만 말이다.

좁은 기차 좌석에 썰렁한 기차역, 이게 내 기억 속의 홍콩과 광저우 경로였다. 그런데 이게 웬일인가? '나 정말 중국 가는 거 맞아?' 하는 느낌이 팍 들 정도였다. 내 옆에 탄 사람 중엔 나보다 덩치가 더 큰 서양인들이 많았다. 나보다 더 큰 덩지의 서양 남자도 말없이 기차에 몸을 내맡기고 중국으로 들어가고 있었던 것이다.

STYLE WITH STORY

우와, 중국이 변한다.
중국이 크다.

뒤통수를 꽉 얻어맞은 느낌이다. 중국은 이미 성장하고 있었고, 세계의 중심으로 변해가는 중이었다. 중국 광저우호텔 앞 로비에 늘어선 서양인들, 여기 중국 맞나요 하는 느낌이 다시 찾아온다. 광저우에 도착해서 광저우호텔에 묵고 있다는 손님을 만나기로 했는데, 이른 아침임에도 중국 광저우호텔 로비에는 세계 도처에서 들어온 서양인들이 북적댄다. 중국이 세계의 중심이 되었다는 걸 다시 확인하는 순간이었다.

러시아 푸틴 총리의 딸은 중국어로 된 소설을 읽는다고 하고, 미국 오바마 대통령 딸은 미국을 찾은 후진타오 주석과 중국어 대화를 나눴다고 한다. 여러분은 어떻게 느끼시는가? 지금 바로 중국어 책 한 권을 손에 들고 싶지 않으신가?

EIGHT

홍콩공항 가는 길

다음은 홍콩여행의 마무리 코스인 '칭이' 역을 향해 발걸음을 옮겨보자. 사실 칭이 지역은 홍콩 여행객들에게 익숙한 곳은 아니다. **패션디자이너인 필자가 아껴둔 곳**이기도 한데, 홍콩시내에서 머물다가 바로 공항으로 나가는 일반적인 경우보다 색다른 신비한 쇼핑장소를 원하는 이들을 위해 공개한다.

홍콩명품아울렛 칭이 둘러보기

MUST 16

홍콩시내를 가로질러 낯설지만 재미있는 풍경을 감상하는 건 여행의 묘미이다. 홍콩 영화에서 흔히 봤던 큰 유리창 나르는 사람들도 보고, 건물 벽 외관에 붙은 커피가게 간판도 구경한다.

홍콩시내를 지나 지하철로 가자. 칭이는 홍콩시내에서 다소 먼 곳이다. 오히려 공항에서 가깝다. 그래서 1박3일 홍콩여행 일정에서 제일 마지막 코스로 들러야 할 곳이다.

칭이 역에 가려면 라이킹으로 먼저 가서 차를 갈아타야 한다.

홍콩 디즈니랜드를 갈 때 이용하는 노선인데, 라이킹에서 한 정거장 다음이 칭이 역이다.
홍콩 사람들이 한창 일할 시간이라서 지하철은 승객이 별로 없다. 한가한 느낌마저 든다.

드디어 칭이 역으로 가는 지하철에 몸을 실었다. 지하철 창밖으로 홍콩의 모습이 스쳐 지나간다. 새로 건물을 짓는 곳, 홍콩의 생활을 담아온 바닷가 풍경 모두가 친숙하다.

드디어 칭이 역에 도착했다. 칭이 역은 홍콩공항으로 바로 연결되는 공항 고속열차 정거장이 있는 곳이다. 그래서 칭이 역은 일반 출구와 공항고속 열차를 갈아타기 위한 연결 통로가 같이 있다.

중국어로 공항은 기장機場이라고 쓰고, 발음은 '지창'이라고 읽는다. 칭이 역 곳곳에 공항 가는 고속열차를 갈아타는 장소를 알리는 표지가 많다.

칭이 역을 빠져나와서 역과 연결된 MTRmall을 찾아갔다.

MTRmall은 막스앤스펜서 매장이 시작한다.
안으로 들어가면서 구경하면 익숙하지 않은 패션 브랜드 매장이 눈에 들어오기 시작한다.

칭이 역 MTRmall 은행 앞에서 쇼핑객들이 일행들과 함께 각종 금융지표를 살펴보는 모습이 기억에 오래 남는다. 금융의 도시라서 그런지 홍콩 사람들은 각종 금융상품 및 수익률에 민감할 듯한 느낌이다.

MTRmall은 상당히 큰 쇼핑몰이다.

아래층엔 거대한 식당으로 구성되어 있고, 위로 올라가면서 패션매장들이 들어서 있다. 위층으로 올라가면서 다시 식당이 나오는데 일본식당, 중국식당 등이 있다.

MTRmall엔 스마트폰 매장도 있다. 아이폰 사용자라면 이곳에 들러 홍콩에서 판매하는 케이블을 장만하도록 하자. 아이폰은 배터리가 빨리 닳으니까 나중에 홍콩에 다시 올 경우 이동 중에도 쉽게 충전할 수 있도록 말이다.

홍콩 명품 아울렛으로 떠나는 **1박 3일 홍콩자유여행**

MTRmall 1층 한가운데에 있는 스타벅스 매장이 시야에 들어온다. 외국인들 몇몇이 저마다 노트북 컴퓨터를 꺼내들고 바쁜 모습이다. 물론 전원은 스타벅스 매장 안에서 해결했다.

MTRmall에서 각 층을 다니며 매장을 둘러보자. 홍콩에서 만나는 리바이스 매장도, 처음 보는 브랜드 매장들도 새롭다.

아이들을 동반한 쇼핑객을 위해 각 층에는 기차 장난감도 눈에 띈다.

MTRmall을 찾는 가장 큰 이유는 바로 YMK 매장에 들리기 위해서다.
이곳은 명품 가방을 구입하는 곳이다. 샤넬은 물론이고 프라다와 다른 가방 브랜드도 있다. 게다가 가격까지 착하다. 평균 30% 정도 할인된 가격에 판매하며, 운이 좋으면 50% 낮은 가격에도 구입할 수 있는 브랜드가 있다.

칭이 역에서 YMK를 찾으려면 우선 A1 출구를 찾아야 한다. A1 출구 옆에

막스앤스펜서 매장이 보이면 그 안으로 들어와서 스타벅스를 바라보며 위층으로 올라가면 YMK가 나타난다.

홍콩공항까지 가장 빠른 MTR 이용하기

MUST 17

칭이 역 옆 MTRmall에서 쇼핑을 다 마쳤다면 다시 칭이 역으로 돌아가자. 그리고 공항까지 가는 공항고속열차 MTR을 타면 된다.
홍콩공항에서 버스를 탈 때와 같이 칭이 역에서 MTR 표를 판매하는 곳으로 가서 영어로 'HONGKONG AIRPORT(홍콩 에어포트)' 라고만 말하면 티켓을 끊고 잔돈을 거슬러 준다.

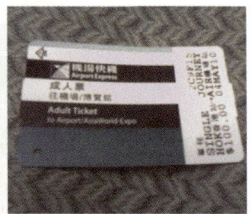

홍콩 명품 아울렛으로 떠나는 1박 3일 홍콩자유여행

홍콩공항에서 쇼핑하기

MUST 18

홍콩공항은 여행의 마무리가 아니라 또 다른 쇼핑의 시작이라고 할 수 있을 만큼 볼거리와 먹을거리가 많다. 홍콩에 와서 촉박한 일정 탓에 시내에서 여유가 없었다고 해도 홍콩공항에 오면 즐기고 가볼 만한 '꺼리'들이 충분히 많다는 뜻이다.

특히 홍콩의 요리를 느껴볼 수 있는 맛있는 식당들이 홍콩공항에 많다. 뿐만 아니라 간단한 주류를 곁들일 수 있는 BAR도 있고, 어린이들을 위한 장난감 매장부터 어른들을 위한 각 종 상품을 판매하는 매장들이 즐비하다. 공항인지 시내인지 구분을 못할 만큼 잘 꾸며져 있다.

홍콩공항에서 쉬는 방법

MUST 19

한국을 출발할 때와 같이 홍콩공항에 도착하면 우선 항공사 카운터로 가서 여권과 전자티켓을 건네준다. 항공사 직원은 영문이름을 확인한 후 전자티켓과 여권을 돌려주고 새로 만든 비행기표를 내게 준다.

홍콩시각으로 새벽 0시 30분에 출발하는 비행기는 탑승시간이 0시로 되어 있다. 한국 시간으로 치자면 새벽 1시인 셈이다.

홍콩 명품 아울렛으로 떠나는 1박 3일 홍콩자유여행

잘 쉬는 것도 여행 잘하는 방법이다

비행기 탑승시각까지 여유가 충분하다면 여행에서 지친 몸을 최대한 편하게 쉬도록 하자. 아이폰 충전은 공항 화장실의 면도기 전원 꽂는 장치에 아이폰 전원 케이블을 꽂으면 된다. 단, 아이폰을 충전할 때는 옆에서 지키고 있어야 한다.

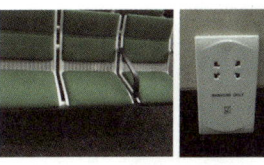

홍콩공항에서 쉬는 방법은 의자를 사용하는 것인데, 필자가 소개하는 것처럼 발을 뻗고 눕도록 한다. 야간 비행기를 타는 건 육체적으로 피곤할 수 있기 때문에 시간이 날 때마다 편하게 쉬는 것도 여행을 잘하는 방법이다.

비행기는 12시 30분에 출발한다. 탑승구 앞으로 12시까지 와서 대기하고 있어야 한다는 뜻이다. 비행 탑승이 이뤄지면서 승객들이 탑승장으로 들어간다.

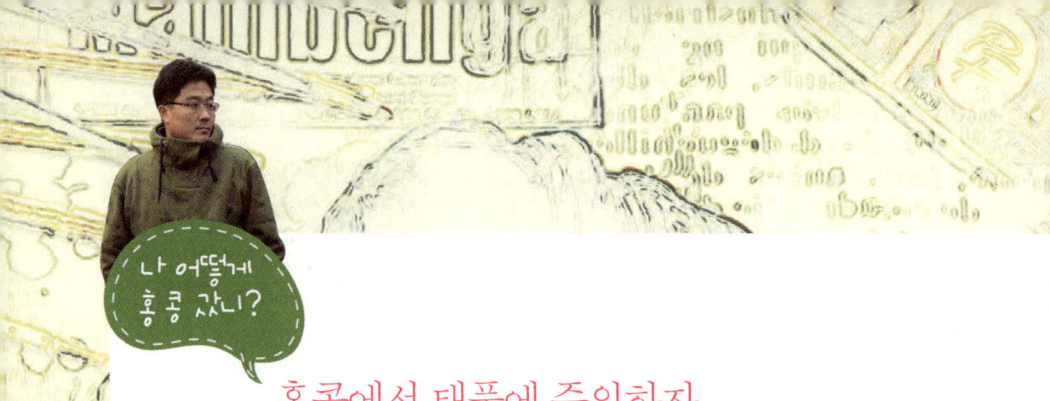

홍콩에선 태풍에 주의하자

샘플을 준비하고 상담에 필요한 서류와 명함을 준비해서 홍콩 출장길에 올랐다. 짐을 가득 싸들고 공항으로, 또 꾸역꾸역 들고 밀고 홍콩 공항에서 전시장으로 갔다. 화장실도 못가며 버틴 3박4일, 홍콩패션위크에서는 '한눈판다'는 것이 불가능했다. 세계 전 지역에서 패션인들이 모였다. 서로 인사하고 교류하고 거래를 시작했다. 그 가운데는 수년 째 다시 만나는 사람들도 많았다. 나는 초행길, 그들은 수년째 반복해오는 동행길이었다.

홍콩패션위크 마지막 날엔 홍콩에 불어닥친 태풍 때문에 일정이 단축된다는 안내방송이 흘러나왔다. 귀국할 사람은 빨리 하라며 마지막 날 행사는 점심시간 무렵에 끝낸다고 했다.

부랴부랴 짐을 챙겨 전시장 밖에서 기다려보니 태풍 때문에 버스도 안 와서, 공항까지 데려다준다는 급행 봉고차를 타고 달렸다. 거리 곳곳에 커다란 활엽수가 태풍에 휘둘리고, 소나기에 폭풍우가 내리려는지 하늘은 시커먼 잿빛이었다. 거리에 차량도 줄어들고 오로지 공항까지 무사하게 도착하기만을 바랄 뿐이었다.

홍콩공항에 도착했지만 비행기는 계속 연착 취소 행진 중이었다. 다행히 나는 제일 늦은 시각에 출발하는 비행기였는데, 예정 시각보다 8시간 먼저 도착해서 기다리다

STYLE WITH STORY

가 비행기 타고 한국으로 올 수 있었다. 홍콩의 태풍은 1~10등급으로 분류하는데 그날의 태풍은 7~8등급에 가까운 것으로 기억한다. 엄청난 태풍이었다.

홍콩에서 맞이한 태풍은 독도청바지 촬영차 떠난 홍콩에서 다시 만날 기회가 있었다. 홍콩 시내 곳곳을 다니며 사진 찍기에 바빴고, 저녁엔 홍콩에서 알고 지내는 홍콩영화감독이랑 즐겁게 지냈는데, 돌아오는 날엔 태풍이 다시 등장했다.
홍콩감독은 내일 태풍 온다니까 귀국하지 말고, 자신이 가이드를 할 테니 하루 더 있으라고 했다. 하지만 난 무슨 소리냐, 지난번에도 무사히 갔다, 난 비행기가 안 뜨면 양팔로 날아서라도 간다며 큰소리를 치고 공항으로 갔다. 그런데 이게 웬일, 공항으로 가긴 갔는데 완전 태풍 몰입, 결국 하루 더 연장해 머무를 수밖에 없었다.
홍콩감독에게 연락했는지 궁금할까 봐 밝히면 그런 상황을 알려주진 않았다. 왜냐? 자존심 상하지 않는가?

홍콩공항 근처 호텔에서 하루 더 묵으며 비 내리는 홍콩 해변 풍경만 실컷 감상하다가 다음날 공항으로 다시 나갔다. 홍콩에 갈 때는 이따금 태풍 때문에 여행 일정이 늦어질 수도 있다는 점을 알아두자. 호텔비와 교통비를 감당할 비상금이 필요하다는 뜻이다.

NINE

서울 도착하기

짧지만 알찬 홍콩 여행을 마치고, 인천공항에 도착하면 한국은 밤을 지새우고 어느새 새벽 기운이 감돈다. 기내식으로 늦은 저녁식사를 했지만 이른 아침 배가 출출하다.

벌써 버스도 다니고 공항 택시들도 줄을 선 채 승객들을 기다리는 새벽의 느낌이 고스란히 내게 전해져 온다.

1. 인천공항 입국 수속

만약 홍콩에서 사온 물건이 한국 돈 40만 원 정도를 초과한다면 세관에 신고하도록 한다. 입국 수속을 마치고 공항을 나갈 때 빨간 색으로 표시된 곳으로 가서 구입한 영수증과 품목을 세관에게 보여준다.

2. 공항에서 짐 찾기

내가 타고 온 비행기가 표시된 곳에서 기다리면 내가 부친 짐이 나온다. 홍콩에서 짐을 부치지 않았다면 입국 수속을 마치는 대로 공항을 빠져나가면 된다.

갖고 온 짐은 공항 1층 택배 서비스를 이용해서 따로 보낼 수 있다.

밖으로 나오니 이른 새벽인데도 분주해보인다. 서울의 아침도 홍콩의 그것과 다르지 않다.

3. 집으로 귀가하기

주차대행을 맡겼다면 인천공항에 내리자마자 전화를 걸어서 몇 번 출구에서 만나기로 약속을 해둔다. 주차대항이 아니라면 인천공항역을 운행중인 버스를 이용하도록 한다.

 홍콩 명품 아울렛으로 떠나는 1박 3일 홍콩자유여행

지난 1박3일 홍콩으로 다녀온
명품아울렛쇼핑이 마무리되는 순간이다

패션디자이너, 홍콩을 마음에 품다

홍콩패션위크에서 상담을 할 때였다. 행사장을 방문한 수많은 인파에 놀란 것도 잠시, 쉴 새 없이 이뤄지는 상담에 지쳐갈 즈음 식사도 거르고 화장실도 생략한 채 거래를 성사시켰다. 미국에서 온 업체 사람이 샘플 주문만 10만 불을 상담하고, 새로운 제직 방식의 의류 제작에 대해 열띤 토론을 벌이기도 했다.

어느 날엔 프랑스 디자이너라고 밝힌 프랑스 여성 A가 내게 와서 자신의 디자인을 보여주며 의견을 교환하기도 했다. 프랑스로 돌아갈 시각이 1시간 후인데 홍콩패션위크를 나가기 전에 내 디자인을 보고 다시 상담한다고 했다. 그해 파리 패션쇼에 참가할 예정인데 자신의 기획안에 대해 나와 이야기를 나누고 싶었다고 했다.
누가 그랬던가. 유럽에 가면 밭 가는 영화배우, 청소하는 탑모델, 뭐 이런 급의 미인들이 많다고. 과연 프랑스 디자이너라고 밝힌 A는 그 미모가 프랑스 영화배우라고 해도 될 수준이었다. 미인과의 대화는 즐겁다. 특히 같은 일을 하기에 서로 느끼는 공감의 정도가 남달랐기 때문이지만 말이다.

프랑스 디자이너 A가 떠나고, 태국에서 온 패션업체 사장단 일행을 만났다. A랑 대화하는 걸 옆에서 듣고 있더니 A가 떠난 후 내게 묻는 게 아닌가? 디자인을 수출해 줄 수 있느냐고.

대답은 물론 긍정적으로 해줬고, 다음달에 태국 방콕에서 만나기로 했다. 디자인 수출에 대해선 상대 업체의 자세한 상황을 아는 게 중요했기 때문에 미리 섣부른 결정을 할 수 없다.

거래 조건은 나중 문제다. 거래업체의 디자인 콘셉트도 봐야 하고, 해당 업체가 현지에서 어떤 정도의 유통력을 지녔는지, 어떤 사업을 펼치는지도 점검해야 할 부분이었다.

생각해보라. 내 디자인을 수출했는데, 상대업체가 별다른 활용을 하지 않고 바로 '빅터리의 디자인'은 어떠하다라는 식으로 소문을 내버리면 나는 이만저만한 손해가 아니기 때문이다.

글로벌 무대엔 어느 누가 적군인지, 아군인지 판가름하기 어려운 순간이 많다. 오직 유일한 해결 방법은 상대에 대해 철저한 조사를 하고 신중한 접근을 해야 한다.

미국을 거쳐 프랑스, 태국과 상담을 마칠 즈음, 멕시코에서 왔다는 패션업체 B가 인사를 하고 지나간다. 뒤이어, 또 한 명의 프랑스 디자이너 C가 왔는데, 남자였다. 그 뒤를 따르며 열심히 수첩에 뭔가를 적는 홍콩 사람들이 보였다.

이야기를 들어보니 프랑스 디자이너가 바이어고 홍콩 사람들은 거래처, 즉 홍콩의 무역업체라고 했다. C는 내 디자인을 보면서 뷰티풀, 환타스틱 등의 감탄사를 연발하더니 내 디자인 샘플 가운데 몇 스타일을 골라서 자신과 함께 있는 홍콩 사람들에게 보여준다.

자신이 이 스타일을 좋아하니 이 스타일을 주문하란다.

재미있는 광경이기도 했다. 프랑스 디자이너가 홍콩패션위크에 와서 디자인 콘셉트를 만들다니 말이다. 내 디자인 샘플을 이리저리 살펴보며 샘플 사진을 찍어도 되느냐고 묻는다. 내심 홍콩직원들에게 말해서 내 디자인 스타일과 비슷한 샘플을 만들려고 하는가보다라는 느낌이 들었지만 크게 개의치 않는 부분이기에 사진을 찍어도 된다고 말했다.

나중에 샘플 몇 가지를 더 골라서 사진을 찍은 프랑스 디자이너 C는 그렇게 총총 자기 걸음을 옮겼다.

그리고 얼마 지나지 않아서 수염을 기른 동양인 남자가 나를 찾아왔다. 색다른 소재의 디자인인데 내게 패션디자이너인지 물어본다. 나중에 알고 보니 한국의 패션디자이너 이상봉 선생님이셨다. 내가 준비한 여러 디자인의 샘플을 보면서 이야기를 나누고, 나중에 한국에서 다시 만나기로 했다.

그렇게, 쉴 새 없이 이어지는 상담을 통해서 거래예상 규모로만 거의 백만 달러에 이르는 금액의 상담을 했다. 일주일도 안 되는 짧은 일정의 행사에서 알게 된 세계 패션인들과의 만남도 커다란 수확이었지만 처음 진출치고는 금액적으로도 만족할 만한 수준이었다.

그러나 나중에 알게 된 것은, 글로벌 무대의 패션행사란 세계 도처에서 연중 수시로 열리기 때문에 그 사람이 그 사람이라는 것이 단점이었다. 즉, 홍콩이건 미국이건 패션쇼장에 나서는 사람들은 매회 다른 사람들이 아니라 같은 사람이 돌아다닌다는 점이다. 그렇기 때문에 그들이 갖고 있는 글로벌 소싱(해외 거래처) 정보는 막대한 양을 자랑하며, 누군가와 처음 상담을 할 때는 글로벌 무대의 매너로 대할 뿐, 실제 거래로 이어지는 경우는 극히 드물다는 것이다. 글로벌 패션 행사를 통해 수백만 달러, 수천만 달러를 상담하더라도 실제 거래가 이뤄지는 금액은 상대적으로 미미할 뿐이고 세계 패션업체들 사이에서 경쟁이 치열한 만큼 그만큼 실력도 길러진다는 점은 가치가 있다.

치이고 받히고 이뤄나가는 글로벌 무대, 패션계의 경쟁은 창의력과 특유의 감각으로 승부하는 분야이기 때문에 더더욱 노련한 대응과 전략이 필요한 곳이다. 홍콩패션위크를 통해 빅터리가 얻은 이점은 이때가 세계 패션무대를 보는 관점과 전략이 세워진 기간이었다.

거의 행사 막바지에 다다를 무렵, 홍콩패션위크장에 빅터리를 찾아온 손님이 있었다. 예전에 캐릭터업체와 동행하며 상담을 할 때 알게 된 업체의 담당직원 E이었다. 인사차 들른 것인지 나를 찾아온 홍콩 여성 E와 이런 저런 이야기를 나누다가 뭔가 줄 만한 선물이 없을까 싶어서 주위를 둘러보니 내가 가져온 옷들뿐이었다. 그래서 일단 E에게 어울릴 만한 옷을 고르고 챙겨서 선물로 담아줬다.

양손에 들고 가기 어려울 정도로 많은 선물을 했다. 스커트, 티셔츠, 재킷을 비롯해 E의 눈이 휘둥그레질 정도로 많았다. 부담스러워하는 E에게 '괜찮다, 내 선물이다'라며 안심시켰다.
눈에 띄는 스타일 가운데 E에게 어울릴 만한 스타일을 골라주고 혹시 필요할지 몰라서 내가 가져온 옷걸이도 몇 개 챙겨주었다. 그러자 E는 뭔가 답례를 하고 싶은 모양이었다.
"그럼, 밥이나 사줘."

나는 그냥 성의를 표현하고자 건넨 선물이었는데, E가 답례를 하고 싶다는 말에 그럼 식사나 하자고 했던 것이다. 행사 기간 내내 혼자 밥을 먹으려니 이게 웬 청승인가 싶기도 했고, 행사 일정이 끝나고 숙소로 돌아가는 길엔 주위에 맛있어보이는 음식을 판매하는 식당들이 즐비했지만 혼자 들어가기엔 어색한 곳들이 많았기 때문이기도 했다. 홍콩에 왔으나 홍콩의 음식을 맛보는 건 당연한데, 어째 한국 남자 혼자 밥 먹으러 들어가기가 어색했다는 뜻이다.

그렇게 그날 저녁식사를 E랑 하기로 하고 행사를 마친 후 약속장소로 향했다. E는 회사 업무를 마치고 약속장소에 먼저 나와서 나를 기다리고 있었다.
E가 내게 안내한 곳은 대만음식전문점. 홍콩에서 대만음식이라니, 사실 알고 보면 같은 중국음식이긴 한데 E의 고향이 대만계라서 자신이 잘 아는 음식을 추천하고 싶다고 했다.

그렇게 E와 함께 오붓한 저녁식사를 하는 도중에 홍콩에 대해 여러 가지를 알게 되었다. 홍콩을 찾는 관광객들은 주로 침사추이, 몽콕 등지의 번화가를 찾지만 실제 홍콩 사람들은 시내 중심가보다는 홍콩시내에서 다소 먼 지역, 즉 홍콩 지하철을 타고 끝부분에 위치한 역 주변의 동네에서 거주한다고 했다.
홍콩의 대학생 졸업자 임금은 한국 돈으로 150만원~250만 원 정도가 많은데, 그에 비해 홍콩 물가가 너무 비싸서 웬만한 부자 아니면 홍콩 시내에 살 수 없다는 이야기도 덧붙여준다. 홍콩 관광객이 바라보는 번화가 홍콩이 홍콩의 전부가 아니란 설명이었다.

STYLE WITH STORY

남자친구가 있다는 E의 이야기에 왠지 모르게 약간 실망을 한 나는, 내가 지금 대체 무슨 생각을 하나 싶어 대화 분위기를 바꿔 즐거운 추억 이야기를 꺼냈다. E의 회사 동료 F에 대한 이야기도 하고 예전에 홍콩에 왔을 때 기억하던 장소에 대해 E에게 묻기도 했다. 술을 잘 못한다는 E는 와인을 곁들인 식사 덕분인지 유쾌한 성격의 멋진 홍콩여성이 되어 홍콩의 젊은이들에 대해 이모저모를 알려준다.

많이 먹고 마신 저녁식사를 소화도 시킬 겸 E와 함께 침사추이 지하철역을 걸으며 나눈 이야기는 꿈과 비전에 대한 내용이었다. E는 홍콩이 좋고 홍콩에서 태어난 사람으로서 앞으로 홍콩에서 계속 살 생각이라고 했다.
1인당 국민소득 4만 달러가 넘는 부유한 나라 홍콩, 그러나 상대적으로 홍콩의 젊은 이들은 한국의 비슷한 또래 젊은이들과 같은 고민으로 그들의 삶을 살고 있었다.

직장 문제, 결혼문제, 진로문제, 돈 문제 등에 대해 고민하고 준비하며 자기 자신들만의 삶을 가꿔나가는 점은 세계 어느 곳이나 크게 다르지 않았다. 고민할 수 있는 건 젊음의 특징이자 장점이었다.

고민한다는 건 미래에 대한 선택을 할 수 있다는 뜻이다. 이곳으로 갈지, 저곳으로 갈지 지금이라도 내가 내린 결정에 의해 미래를 바꿀 수 있는 자가 고민할 수 있다. 미래를 바꿀 수 없는 사람들은 나이가 들면서 고민조차 줄어든다. 고민하기보다는 현재의 삶을 윤택하게, 행복하게 가꿀 생각을 주로 하기 때문이다. 홍콩에서 생긴 일 가운데 가슴 따뜻하고 아름다웠던 기억은 홍콩여자 E와의 저녁식사를 곁들인 하루 동안의 데이트였다.

EPILOGUE
1박 3일 홍콩명품아울렛쇼핑을 통한 돈 버는 홍콩여행 가이드

홍콩에 가보셨나요?

한국에서 비행기를 타고 3시간여를 날아가면 도착하는 홍콩(香港), 사람들은 홍콩을 이야기할 때 낭만, 추억, 만남, 즐거움을 떠올린다. 그리고 홍콩 하면 절대 빠지지 않는 단 한 가지, '별빛' 이야기다.

홍콩에 대한 이미지 가운데 '별빛'이 빠지지 않는 이유는, 홍콩은 인구 약 700만 명이 살아가는 국제도시인 동시에 전 세계로부터 수많은 사람들이 방문, 그들만의 추억을 만들고 나누고, 서로 감동을 선사하기 때문이다.

밤하늘의 별빛 아래에서 홍콩을 찾은 사람들의 가슴속에 그 별빛을 새긴다. 홍콩을 방문한 사람들은 가슴 가득 별빛을 담고 돌아가는 것이다. 그 별빛은 그들의 고향에 도착해서 다른 이들에게 전염된다.

홍콩을 말하는 책은 많다.

홍콩에 대해 이야기하는 사람들도 많다. 홍콩에서 무역회사를 운영하는 사람은 **홍콩의 세금 제도가 편리하다고 이야기한다**. 홍콩에서 경제 활동을 하면 세계를 무대로 활동하는 것과 같다고 생각한다. 사업을 하려면 홍콩에서 시작해야 좋다고 충고한다. 홍콩의 침사추이 해변에 서서 세계적 기업들의 광고를 보라고 말한다. 홍콩에 광고를 달 수 있어야 글로벌기업이라면서.

홍콩 명품 아울렛으로 떠나는 **1박 3일 홍콩자유여행**

홍콩은 쇼핑하기에 좋다고 얘기한다. 특히 여름과 겨울에 특별 세일기간을 이용하라고, 여름과 겨울 페스티발을 가보라고 충고한다. 도시 전체가 면세 지역이라서 상품 가격이 상당히 싸다고 조언한다. 심지어 결혼을 앞둔 사람들에게 혼수장만을 하려거든 홍콩에서 하라고 한다.

또 홍콩은 여행하기 좋다고 말한다. 홍콩 디즈니랜드를 가고, 빅토리아 피크에 올라서 홍콩시내 야경을 감상하라고 이야기한다. 바다를 가로지르는 페리를 타보면 삶이 달라진다고 조언한다. 산꼭대기까지 에스컬레이터를 타고 가봐야 하고, 하버시티에서 쇼핑몰의 규모에 놀라보라고 부추긴다.

[홍콩 명품아울렛으로 떠나는 1박3일 홍콩 자유여행]은 바쁜 현대여성을 위한 시간절약형 쇼핑노하우를 알려준다.

회사생활에 지장없이 주말을 이용해 간편하게 즐기는 홍콩여행, 그리고 저렴하게 구입할 수 있는 각종 명품 브랜드 제품들과 홍콩의 생활을 엿볼 수 있는 재래시장까지, 홍콩의 요모조모를 제대로 콕콕 집어 소개한다.

이 책 [홍콩 명품아울렛으로 떠나는 1박3일 홍콩 자유여행]은 제대로 된 족집게 홍콩여행 가이드다.

홍콩에 도착해 시내 중심에서 시작하는 여행은 맛과 멋을 즐길 수 있는 잊지 못할 여행이다. 홍콩의 야시장에 들러 갖가지 재미에 빠져보고, 명품 브랜드 매장, 명품아울렛 매장을 지나 패션도매상가에 들러 세계로 수출되는 트렌드를 보며 온몸으로 체험하는 패션스타일을 만끽한다.

[홍콩 명품아울렛으로 떠나는 1박3일 홍콩 자유여행는 돈 버는 쇼핑가이드이다.

여자는 스트레스를 쇼핑으로 푼다. 이야기로 풀고, 친구들과 여행하며 푼다. 여자의 시간은 그래서 새로운 경험, 새로운 장소에서 스타일을 느낄 때 채워진다. 그러나 여자는 시간이 부족하다. 회사 일에 치이고, 직장과 남자친구에게 받는 스트레스도 여자의 적이다.

그래서, 여자는 여행을 떠난다

[홍콩 명품아울렛으로 떠나는 1박3일 홍콩 자유여행]은 여자의 시간을 위한 소중한 친구이자 시간활용서이다. 알뜰한 쇼핑 노하우를 통해 '돈을 벌게' 해주고, 짜임새 있는 여행을 제안해 '시간 절약'을 하게 해준다. 여자 혼자만의 시간에 꼭 필요한 친구이다.

홍콩에서 얻을 수 있는 것

홍콩은 여행객들에게 혼자 있을 수 있는 자유를 준다.
혼자 여행을 와도 전혀 어색하지 않는 즐거움을 베푼다.
친구를 만들어주고 웃음과 가슴 뿌듯함을 남긴다.

지금까지 홍콩에 대한 생각, 홍콩에 대해 들었던 이야기는 잊어라! 이 책 [홍콩 명품아울렛으로 떠나는 1박3일 홍콩 자유여행]에서 소개하는 홍콩을 겪다보면 어느새 여행 가방을 꾸리고, 여행사로 비행기표를 예약하는 자기 자신을 보게 것이다.

홍콩에서 얻을 수 있는 것은 여행을 다녀온 후 느끼는 추억과 감동뿐만이 아니다. 홍콩에 대해 생각하는 순간 가슴이 뛰고 즐거워지는 진짜 여자의 모습을 얻는다. 사춘기 소녀시절 친했던 동창생을 오랜만에 만나는 그런 느낌과 기대감이 스며든다.

홍콩은 기대 이상의 것을 얻게 되는 곳이다.

홍콩 명품 아울렛으로 떠나는 **1박 3일 홍콩자유여행**

홍콩에 두고 와야 할 것

홍콩을 떠나올 때는 두고 와야 할 것이 있다. 홍콩에서 여행자의 어깨를 다독였던 응원의 별빛과 처음 만나는 사람들끼리도 오래된 친구처럼 미소를 나눴던 감동은 가져오더라도 우리 모두가 두고 와야 할 것, 그건 바로 '미련'이다.

처음 만난 홍콩, 그동안 몰랐던 홍콩의 매력, 다시 보게 된 홍콩을 기억하며 다시 만날 약속을 남겨두고 싶은 마음에서 비롯된 '미련'을 두고 와야 한다. 다시 현실로 돌아와서 생활하기가 불가능해지기 때문이다. 차라리 홍콩을 만나 생긴 '미련'이라도 홍콩에 두고 와야만 마음이 가볍다.

홍콩을 다시 찾는 날, 내가 두고 왔던 '미련'이 다시 날 반갑게 맞아줄 것이기 때문이다.

홍콩 그리고 우리

홍콩은 도시가 아니라 친구이다. 우리 자신의 모습이기도 하다. 비행기를 타고 날아가서 착륙하는 낯선 땅이 아니라 우리 삶의 한 부분인 것처럼 마치 '집'을 떠나 '회사'로 오듯, '홍콩'은 아침에 나와 밖에서 일을 마치고 다시 돌아가는 '집과 같은 곳'이다.

홍콩에 머무르는 동안 우리의 삶을 재충전하고 많이 웃고, 많이 행복하자. 우리는 그럴 자격이 충분하니까 말이다. [홍콩 명품아울렛으로 떠나는 1박3일 홍콩 자유여행]을 통해 쇼핑과 여행, 즐거움과 관광 모두가 채워지길 바라며.

글쓴이 이영호

APPENDIX

부록

여행을 준비하면서 크게 중요하게 생각하진 않지만, 해외여행이 익숙지 않은 사람들은 공항이용에 어려움을 겪는 경우가 많다. 부록에서는 처음 여행하는 독자를 위해 집에서 출발해 공항에 도착, 비행기에 탑승하기까지 과정과 몇 가지 알아두면 좋을 노하우를 정리해두었다. 또한 비자안내, 리무진버스&공항버스 노선도를 비롯해 여행과 쇼핑에 필수적인 기초중국어와 기초영어 및 쇼핑에 필요한 간단한 영어표현도 실어두었다.

| 부록1 | 공항 이용방법

★ 공항에 도착하기

공항까지 가는 방법을 소개한다. 이 책에선 인천공항을 예로 들어 알아본다. 공항으로 가려면 자동차를 이용하거나 공항버스 혹은 지하철로 가는 방법도 있다. 물론 택시를 타면 가장 편리하지만 비용이 만만치 않다.

자동차를 이용할 경우엔 귀국할 때까지 자동차를 공항주차장에 세워둬야 하므로 주차비용이 든다. 몇 시간이 아니라 오랜 기간 주차할 경우 '장기주차장'을 이용하면 하루에 8천원을 지급하면 되니까 알아두도록 하자. 1시간에 1천 원으로 8시간 기준으로 계산되며, 8시간이 초과될 경우 하루 요금으로 계산된다.

장기주차장 주차대행 서비스

장기주차장을 이용할 경우, 차를 직접 몰아 주차장에 세운 뒤 다시 공항청사까지 걸어오는 게 불편할 수 있다. 이 경우, 공항청사 출국장 3번문 앞에서 주차대행을 이용할 수 있다.

인천공항 장기주차장은 승용차, 버스, 택시 및 '승용차 장기 주차장(실외)'로 구분되어 있는데, 공항청사 1층으로 순환버스가 16분(04:10~06:00, 22:00~익일 00:5), 8분(06:00~ 22:00) 간격으로 운행된다. 주차대행 서비스를 이용하고자 할 경우 공항청사 3층 승용차 정차 지역에서 맡길 수 있다.

6일부터는 50% 할인 요금이 적용되고 경차, 장애인, 상이등급 판정을 받은 국가유공자, 장애등급 판정을 받은 광주민주유공자 또는 고엽제후유증 환자 차량은 주차요금의 50%를 감면받는다.

공항버스

인천공항에 갈 때 공항버스를 이용하면 편리하다. 공항버스는 시내버스 승차장을 함께 사용하며 매시간 정해진 시간 간격으로 운행된다. 공항버스는 공항리무진 버스와 공항버스가 있다.('호텔 리무진버스 노선도' & '인천공항버스 노선도'는 부록 참고)

공항버스는 각 구간별로 요금체계가 다르며 5,000원, 9,000원, 13,000원, 29,800원 등 거리별로 요금이 다양하다. 공항청사 내의 순환버스는 무료로 운행된다. 공항버스가 인천공항고속도로를 지나갈 경우 통행료를 내며 정기적으로 운행되므로 비행기 탑승시각에 늦을 우려도 거의 없다.

 심야버스 이용방법

만약 버스 시각에 맞추지 못하는 경우는 어떻게 해야 할까? 회사에서 일이 늦게 끝날 경우도 있고, 버스를 타러 왔다가도 급하게 다른 일이 생겨 다른 곳을 들렀다 와야 할 상황도 생긴다. 이럴 경우 버스를 놓치고 비행기도 놓쳐야 할까?

인천공항으로 가는 버스노선의 경우 여행객의 편의를 위해 심야버스도 운행하고 있다. 1박3일 홍콩여행을 준비하면서 내게 맞는 시간대를 찾아보자. 시내 승/하차는 지정 승차장에서만 가능하다.

서울역 방면 노선은 인천공항을 출발해서 송정역→염창동→서울역 방면으로 운행하고, 영등포역 방면 노선은 인천공항을 출발하여 송정역→염창동→당산역→영등포역으로 운행된다. 강남터미널 방면 노선은 인천공항을 출발, 송정역→염창동→강남터미널까지 운행된다.

서울역 승차장은 서울역광장이고, 송정역 승차장은 송정초등학교이다. 영등포역 승차장은 영등포역 롯데백화점 광장이며, 강남버스터미널 승차장은 3호선 고속버스터미널역이다. 인천공항에서 심야버스를 탈 수 있는 승차장은 공항청사 1층 5A 승차장이다. 요금은 공항버스와 동일하다.

운행시각

시내 방면	출발	도착	공항 방면	출발	도착
인천공항→서울역	00:00	01:10	서울역→인천공항	22:30	23:40
인천공항→강남버스터미널	1:20	02:30	강남버스터미널→인천공항	02:40	03:50
인천공항→영등포역	02:40	03:50	영등포역→인천공항	00:00	01:10
인천공항→서울역	03:50	05:00	서울역→인천공항	01:20	02:30
인천공항→서울역	00:00	01:10	강남버스터미널→인천공항	02:40	03:50

심야버스 승/하차장

서울역	서울역 공장	송정역	송정초등학교
영등포역	영등포역 롯데백화점 광장	강남버스터미널	3호선 고속버스터미널역
인천공항	1층 5A 승차장		

문의 : 2)2664-9898

인천공항을 오가는 버스노선으로 'KAL 리무진'도 있다 운행요금은 성인 14,000원, 소아 7,000원(만 세~12세)이며 교통카드도 이용 가능하다.

운행노선은 강남방면이 인천공항→팔래스호텔(반포)→코엑스(삼성역)→잠실이며, 강북방면은 인천공항→마포(서울가든)→시청(KAL빌딩)→서울역이다. 승/하차장은 공항청사 여객터미널 1층 4B며 문의전화는 02-2667-0386이다.

지하철 이용하기

지하철을 이용하려면 5호선 지하철을 타고 김포공항까지 가서 인천공항 방면 지하철을 갈아타야 한다.

단, 주의해야 할 점은 서울도시철도와 인천공항철도가 환승이 안 된다는 점이다. 개찰구를 빠져나온 후 안내판을 따라 인천공항철도 타는 곳으로 가야 한다. 역과 역이 바로 연결된 곳이 아니라서 이동하는 데 다소 시간이 걸린다.

김포공항에서 인천공항철도까지의 요금은 직통열차 기준 8,500원으로, 2010년 12월 31일까지는 특별할인 운임 3,400원이 적용되었다. 어린이는 50% 할인된다.

각 정거장에 정차하는 일반열차의 경우 인천국제공항역에서 김포공항 사이 요금은 3,400원이다. 역시 어린이는 50% 할인, 청소년은 교통카드 사용 시 20% 할인혜택이 주어진다.

인천공항철도 지하 3층은 일반열차, 지하 4층은 직통열차로 운행된다. 일

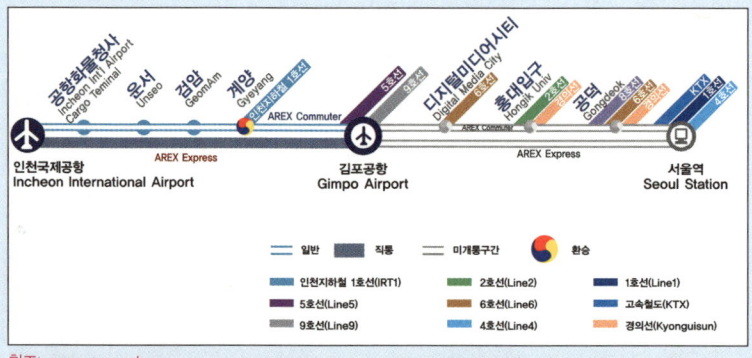

참조: www.arex.or.kr

반열차의 운행시각은 매시 5분, 17분, 29분, 41분, 53분으로 12분 간격으로 운행되며, 직통열차는 매시 출발한다.

'인천국제공항역'은 공항청사 교통센터(지하1층)에 있다. 공항철도는 인천공항역과 김포공항역 사이를 운행하는데 김포공항역은 지하철 5호선 및 9호선으로 연결된다. 김포공항과 서울역에 이르는 구간은 2010년에 완공되었다.

공항에 처음 왔다면 넓은 공항에서 항공사 카운터 찾는 데 시간을 허비할 수도 있다. 공항 가운데에 마련된 안내 데스크를 찾아서 물어보도록 하자.

삼성동 공항터미널에서 출국수속하기

해외여행을 갈 때 인천공항을 이용할 경우 자칫하다간 많은 사람들이 한꺼번에 몰려 비행기표 끊는 데만 적지 않은 시간을 허비할 수도 있다. 줄 서고 표 받고 다시 출국 수속하느라 줄 서고 하는 사이 비행기가 이륙해버리는 일도 이따금 생긴다.

그럼 다른 방법은 없을까? 인천공항에서 출국 수속을 하지 않고 다른 곳에서 하면 시간을 절약할 수 있다는 뜻이다. 그래서 이번엔 한국도심공항의 삼성동 공항터미널을 알아보도록 하자. 한국도심공항에서 운영하는 공항터미널에서는 인천공항에서 해야 할 업무 가운데 항공사 티켓 발권과 출국수속 등을 모두 처리할 수 있고, 수속을 마친 여행객은 공항터미널 앞에서 리무진 버스를 타고 곧바로 인천공항으로 가서 외교관들이 이용하는 전용출국통로를 이용해 공항으로 들어갈 수 있다. 공항터미널 앞에서 운영되는 리무진 버스는 김포공항을 거쳐 인천공항으로 직행하는 노선이 있고, 서울의 다른 지역을 거쳐 인천공항으로 운행되는 노선도 있다. 자세한 노선은 한국도심공항 인터넷 페이지에서 확인할 수 있다(참조. http://www.calt.co.kr/index.html?menu=process).

게다가 한국도심공항 인터넷 사이트를 통해 실시간 도로교통 상황을 확인할 수 있으며, 인천공항에서의 항공기 이륙 상황까지도 파악할 수 있다. 비행기 시각에 촉박하게 집을 나선 경우라면 삼성동 공항터미널에서 출국수속을 마치고 곧장 인천공항으로 이동해도 좋다.

- 무역센터 ⇔ 김포공항 (올림픽대로)
- 무역센터 ⇔ 인천공항 (올림픽대로, 인천신공항 고속도로 경유)
- 중랑, 성북 ⇔ 김포공항 ⇔ 인천공항
  ①망우역 ②상봉역 ③중화역 ④먹골역 ⑤태릉입구역 ⑥동덕여대앞 ⑦길음역
  ⑧정릉
- 도봉, 성동 ⇔ 김포공항 ⇔ 인천공항
  ①수락터미널 ②도봉역 ③도봉소방서 ④도봉보건소 ⑤쌍문역 ⑥수유역 ⑦미아역
  ⑧미아삼거리 ⑨홀리데이인성북 ⑩고려대역 ⑪경동시장 ⑫동대문구청 ⑬성동구청
  ⑭무학여고앞 ⑮응봉사거리
- 노원, 수락 ⇔ 인천공항 (외곽순환도로 이용)
  ①하계역 ②중계역 ③노원역 ④마들역 ⑤노일초교앞 ⑥수락터미널
- 김포공항 ⇔ 인천공항

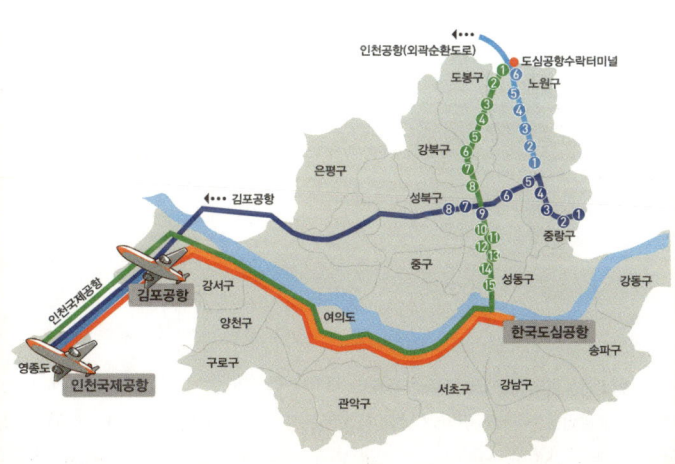

★ 환전

환전은 공항에 도착해서 은행 환전창구를 통해 환전할 수 있다. 각 층별로 은행 환전창구가 있으며, 환전을 깜빡 잊고 이미 출국수속을 마치고 비행기 탑승 대기실로 들어갔더라도 환전창구가 또 있으니 안심해도 된다.
환전은 서울시내 및 주변의 가까운 외국환 거래 업무를 취급하는 은행창구에서 환전해도 되는데, 반드시 신분증이나 여권을 소지하고 방문해야 한다.

 환전수수료 우대
공항에서 환전을 하면 환전 영수증을 받게 되는데 나중에 입국한 후 같은 은행 환전창구를 이용할 때 환전 영수증을 보여주면 환전 수수료를 우대해준다.

Best Information
HONG KONG BEST INFOMATION

환전 노하우

환전을 할 때는 귀국했을 때 교통비 등으로 사용할 한국 돈은 제외하고, 홍콩에서 쇼핑에 사용할 홍콩달러로 바꾸되, 만약의 일에 대비해서 미국 달러를 약간 준비해두는 게 좋다. 특히, 환율 변동이 심할 시기에는 미리 준비해둔 미국 달러만으로도 나중에 환전했을 때 환율 차이에 의해서 몇 만 원 정도의 이익도 기대할 수 있기 때문이다.

★ 국제전화 로밍

휴대폰이 외국에서 사용할 수 없는 기종이라면 미리 여행 계획을 세울 때 이동통신회사에 문의하여 홍콩에서 사용할 수 있는 전화를 공항에서 받을 수 있도록 예약하는 게 좋다. 휴가철 성수기나 특정 날짜의 경우 출국자가 많아지면 자칫 빌려 나갈 수 있는 휴대폰 재고가 없을 수도 있다.

★ 항공사 카운터 찾아가기

공항에 도착했다면 바로 항공사 발권 카운터로 찾아가도록 한다. 여행사를 통해 미리 예약해둔 항공사 카운터로 가야 하며, 직원들에게 여권과 전자티켓을 보여주면 된다. 그러면 항공사 직원은 여행객으로부터 받은 전자티켓과 여권의 내용을 확인하고 비행기 탑승권을 내주게 된다.
단, 해당 항공사의 누적 마일리지에 따라 일정 등급 이상이 된 회원이라면 줄을 서지 않고 회원 전용코너를 통해 서비스를 받을 수 있다.

항공사 회원카드는 여권 뒤쪽에 보관해두면 편하다. 일정 횟수를 넘어 마일리지가 누적된 사람은 탑승권 발권 등의 과정에서 다양한 서비스가 주어진다.

☕ **흡연자들에게**
비행기 좌석은 전체 금연석으로 비행기 화장실에서조차 담배를 피울 수 없다. 만약 흡연을 하는 사람이라면 비행기를 타기 전에 공항에 마련된 흡연실에 들러 담배를 피울 수 있다.

★ 티켓 발권

항공사 직원들은 비행기표를 내주면서 비행기를 타야 할 게이트(문)가 몇 번이고, 비행기 이륙시간이 몇 시이므로 최소한 몇 시까지는 탑승게이트 앞으로 가야 한다고 알려준다. 비행기표에는 여행객 이름과 비행기 편명이 쓰여 있다. 비행기를 타는 게이트 번호와 비행기 이륙시간, 탑승게이트 앞으로 가야 할 마감시간까지 표시된다.

★ 짐 부치기

항공사 직원들이 여행객에게 부칠 짐이 있는지 물어보는데 이때 비행기에 들고 탑승할 소형 짐이 아니면 반드시 짐을 따로 부쳐야 한다. 항공사 직원에게 여권과 전자티켓을 주면서 짐을 부치겠다고 말하고 항공사 직원 옆 공간에 짐을 올려두기만 하면 된다.

그러면 항공사 직원 앞 전자저울에 짐의 무게가 표시되는데 만약 한 사람이 부칠 수 있는 짐의 무게를 초과하면 약간의 추가 요금을 더 내야 한다.

단, 한국에서 출발하기 전이나 한국에 입국해서 짐이 많을 경우 공항청사 1층에서 택배서비스를 이용할 수 있다.

짐 부칠 때 주의사항

비행기를 탈 때 액체의 휴대품은 들고 탈 수 없다. 가령 치약, 화장품, 물 등도 포함된다. 날카로운 면도칼 등의 도구 역시 비행기 안으로 들고 갈 짐에 포함되면 안 된다.

단, 비행기 탑승수속 전에 면세점에서 구입한 화장품이나 술 등의 휴대품은 면세점에서 상품을 포장해준 상태 그대로에 한해서 비행기 안으로 들고 탈 수 있다.

이처럼 하는 이유는 비행기 탑승객들의 안전을 위해 위험한 물건이나 그럴 가능성이 있는 물건을 미리 제외하도록 한 항공규정 때문이다.

★ 출국장

비행기 티켓을 받았다면 출국장으로 향한다.
출국장 출입구 앞에는 법무부 소속 직원들이 출국장으로 들어서는 여행객들의 여권과 비행기 탑승권을 일일이 확인한다. 여권에 부착된 사진과 같은 사람인지도 확인한다.

★ 반출휴대품 신고

출국장 안에는 출국심사 전에 미리 보석, 카메라 등의 고가 상품을 신고하는 곳이 있다. 외국에 여행을 가면서 가져가는 물건 가운데 비싼 보석이나 카메라 등의 물건이 있을 경우 미리 신고를 하자.
나중에 입국하면서 해외에서 구입한 보석이나 카메라 등 값비싼 상품의 경우 세금을 내야 하는데 만약 출국할 때 자신이 가져간 물건이라는 증명서만 있으면 입국장 세관에게 따로 설명하지 않아도 되기 때문이다.

★ 출국심사

출국장에서는 출국심사를 받게 된다. 출국심사란 여행객의 신원을 조사, 출국이 금지된 사람이 아닌지 확인하는 과정이다. 출국심사장에서는 사진을 찍을 수 없으며 출국심사를 받을 여행객  들이 한 명씩 차례로 통과해야 한다.

소지품을 검사대에 통과시키고 여행자 본인도 검사대를 통과한 후, 공항직원으로부터 다시 한 번 더 보안검사를 받게 된다. 검사대에 통과시켜야 할 금속성 소지품을 꺼내놓지 않았을 경우를 찾는 과정인데, 허리벨트의 앞부분 또는 금속성 목걸이를 착용한 사람의 경우 남의 시선을 끄는 경고음을 일으킬 수 있다.

검사대를 통과한 여행객들은 출국을 위한 서류심사를 받게 된다. 출국심사장에서는 내국인과 외국인, 승무원 등의 출국심사 통로를 따로 지정해두고 업무를 본다. 출국심사장에 표시된 안내판을 제대로 읽지 않고 외국인 전용 줄에 서 있는 한국인들을 가끔 보게 된다.

출국할 수 없는 경우란 법무부에서 '출국금지'를 내린 사람일 경우를 말한다. 이런 경우가 아니라면 여행을 하는 데 아무 제약이 없다.

★ 면세점

출국심사를 마치고 나오면 이제 비행기에 탈 게이트 앞으로 가서 기다리는 일만 남았다. 이때 출국심사장 바로 앞에 면세점들이 있는데 외국으로 가져 갈 다양한 상품을 살 수 있다.

면세점에서 구입 가능한 상품은 김, 김치, 인삼 등의 한국 특산품뿐만 아니라 담배, 술, 화장품, 기념품 등 다양한 상품들이 많다. 의류 등의 패션상품은 물론이고, 인터넷 검색을 할 수 있는 PC코너까지 있다.

면세점에서 물건을 살 경우엔 여권과 비행기 탑승권(보딩 패스)을 보여줘야 한다. 면세점에서는 원화, 미국 달러, 일본 엔화로 결제가 가능하다.

★ 공항식당

아침 일찍 공항으로 출발하느라 식사를 못한 경우라면 가까운 음식점에서 식사를 할 수도 있다. 우동이나 된장찌개 등의 식사 1인분이 7,000원부터 다양하게 서비스 된다. 시내 음식점 가격보다는 비싼 편이다.

★ 탑승 게이트

출국심사대를 빠져나오면 비행기 탑승게이트를 찾아가도록 한다. 통로에 세워진 안내표지를 보면 내가 가야 할 비행기 탑승구 방향이 표시되어 있다. 내가 타야 할 비행기가 있는 탑승게이트 앞으로 가서 탑승이 시작되기 전까지 기다린다.

| 부록2 | 비자

★ 비자

사증VISA에 대해 알아보자. 흔히 '비자VIS'라고 부르는 '사증'은 해당 국가에 머물 수 있는 허가 서류를 말한다. 보통 3개월 정도는 제한 없이 여행 목적의 방문자에 한해서 입국 및 체류를 허가하는 나라들이 많으나 그 이상의 기간, 또는 거주 목적으로 입국하는 사람들에 대해선 별도의 비자를 받도록 조건을 두고 있다. 비자에 대해 알아두자.

비자란?
개인이 다른 나라로 들어가려고 할 때 해당 나라의 정부기관으로부터 입국 허가를 받는 것과 같다. 비자를 받기 위해선 자기 나라에서 정식으로 발급된 유효한 여권이 필요하다.

비행기 탑승을 앞두고 공항 내에서 쇼핑과 식사를 즐길 수 있다.

비자가 필요한 나라, 비자가 필요 없는 나라

무비자협정을 통해 일정 기간 자유롭게 머물 수 있도록 허가하는 국가들이 있다. 우리나라와 무비자협정을 맺은 국가들은 다음과 같다.

단, 위의 조건들은 우리나라와 해당 국가들 간에 체결된 국가 협정에 의한 것이다. 다시 말하자면, 다른 국가들은 또 다른 조건일 수 있다는 뜻이다.

만약 비자가 필요한 국가로 여행을 계획한다면, 여행을 출발 전에 최소 7일 정도는 여유를 두고 해당 국가에 대한 VISA(비자)를 준비해야 한다. 우리나라와 미국은 비자면제협정을 체결하여 우리나라 국민은 미국을 비자 없이 방문할 수 있도록 하고 있다.

구분	국가명
90일 체류 가능한 국가	그레나다/그리스/네덜란드/노르웨이/뉴질랜드/니카라과/덴마크/도미니카/도미니카연방/독일/라이베리아/룩셈부르크/리투아니아/리히텐슈타인/말레이시아/멕시코/모로코/몰타/바베이도스/바하마/방글라데시/벨기에/불가리아/세인트루시아/수리남/스웨덴/스위스/스페인/슬로바키아/싱가포르/아이슬란드/아이티/아일랜드/엘살바도르/오스트리아/이스라엘/자메이카/체코/코스타리카/콜롬비아/태국/터키/트리니다드토바고/파키스탄/페루/폴란드/프랑스/핀란드/헝가리
30일 체류 가능한 국가	남아프리카공화국/사이판/튀니지
60일 체류 가능한 국가	레소토/이탈리아/인도네시아/포르투갈
6개월 체류 가능한 국가	영국/캐나다
기타	기타 국가로는 미국령 괌이 14일, 마카오가 20일이고, 싱가포르는 14일간 가능하나 연장할 경우 90일까지 가능하다. 필리핀은 21일 가능하고 이 책에서 소개하는 홍콩은 비자 없이 90일 동안 머물 수 있다.

| 부록3 | 호텔 리무진 버스 노선도

★ 호텔 리무진 버스 노선도(참조 : http://www.airportlimousine.co.kr/)

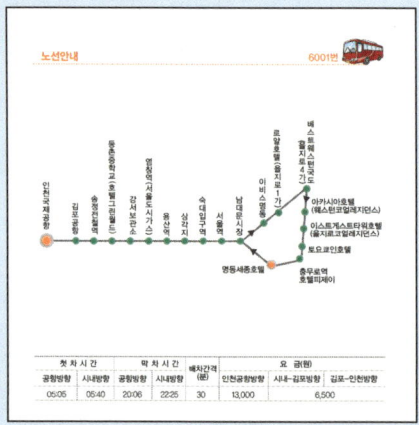

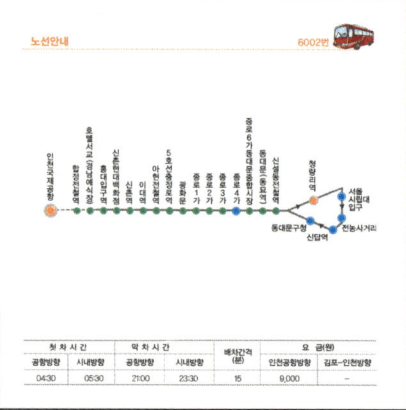

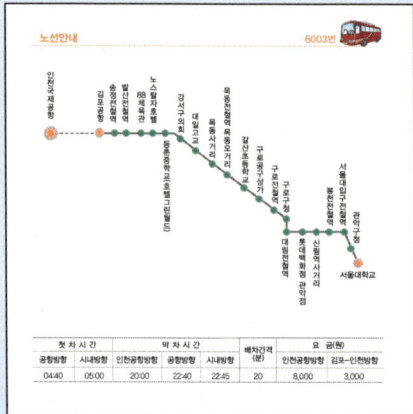

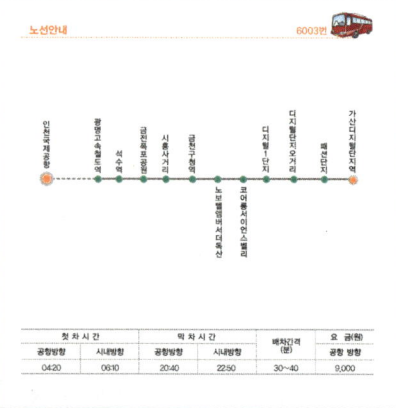

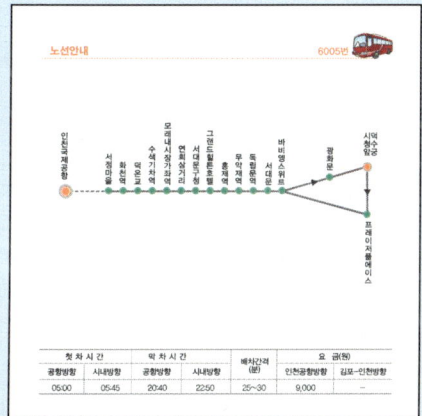
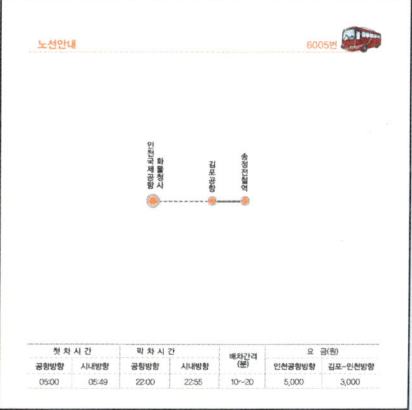
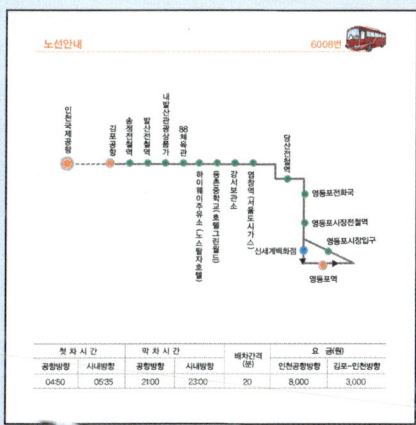
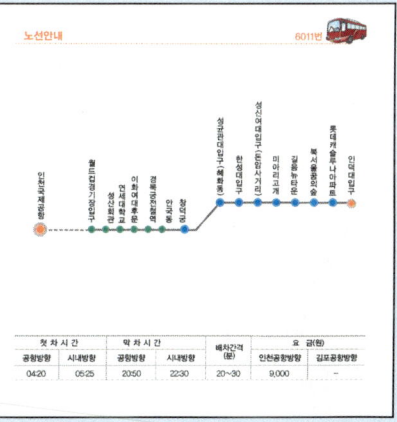

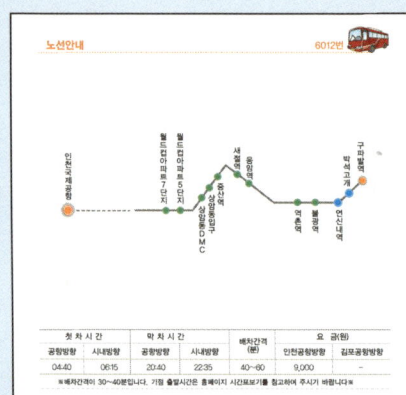
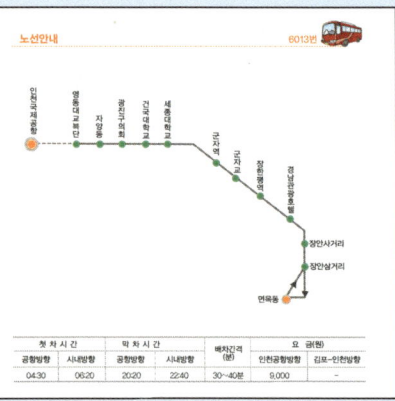
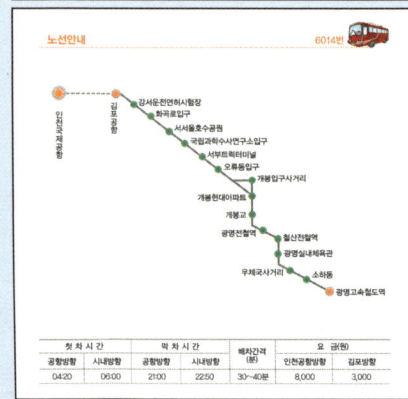
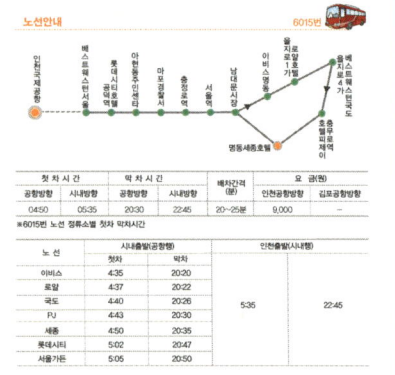

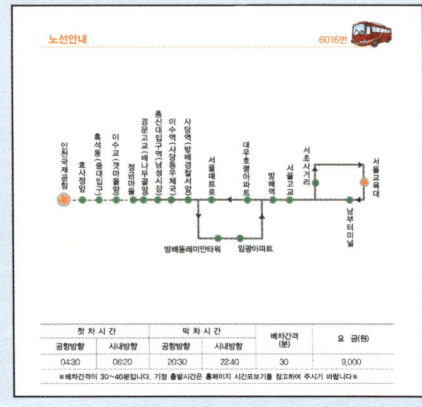

홍콩 명품 아울렛으로 떠나는 **1박 3일 홍콩자유여행**

부록4 | 인천공항버스 노선도

버스명	구분	지역구분	경유지	승차장 번호
면목동(6013)	리무진 일반	서울동부	영동대교북단(성수동), 자양동, 광진구의회, 건국대학교, 세종대학교, 군자역, 장한평역, 경남관광호텔, 장안사거리, 장안삼거리, 면목동	1층(1st Floor) 6B,13A
한국도심공항	리무진고급	서울동부	한국도심공항(무역센터&COEX)	1층(1st Floor) 4A,10B
광명시(601)	리무진 일반	서울서부	김포공항, 강서면허시험장, 화곡로입구, 신월동정수사업소, 국립과학수사연구소, 서부트럭터미널, 오류동입구, 개봉동, 개봉교, 광명전철역, 철산역, 광명실내체육관, 광명우체국사거리, 소하동, 광명고속철도역	1층(1st Floor) 6A,12B
금천구(6004)	리무진 일반	서울서부	광명고속철도역, 석수역(안양), 금천폭포공원, 시흥사거리, 금천구청역, 노보텔독산, 코오롱사이언스밸리, 구로디지털단지, 디지털단지, 디지털단지오거리, 패션단지, 가산디지털단지역	1층(1st Floor) 6B,13A
김포공항	리무진고급	서울서부	김포공항	1층(1st Floor) 3B,10A
김포공항 (KAL리무진)	리무진고급	서울서부	김포공항	1층(1st Floor) 4B,11A
서울대(6003)	리무진 일반	서울서부	김포공항, 송정역, 발산역, 88체육관, 노스탈자호텔, 등촌중학교(호텔그린월드), 강서구의회, 대일고교, 목동사거리, 목동역, 갈산초교, 구로공구상가, 구로역, 구로구청, 대림역, 롯데백화점관악점, 신림역, 봉천역, 서울대입구역, 관악구청, 서울대	1층(1st Floor) 6A,12B
송정역(6007)	리무진 일반	서울서부	김포공항, 송정역	화물터미널 (CargoTerminal)
영등포역(6008)	리무진 일반	서울서부	김포공항, 송정역, 발산역, 내발산 관광삼품가, 88체육관, 노스탈자호텔, 등촌중학교(호텔그린월드), 강서보건소(등촌삼거리역), 리버파크호텔(염창역), 당산역, 영등포전화국, 영등포시장역, 영등포신세계백화점, 영등포역, 영등포시장	1층(1st Floor) 6A,12B

버스명	구분	지역구분	경유지	승차장 번호
가락동(6009)	리무진 고급	서울남부	신사역, 논현역, 신논현역, 강남역, 역삼동, 양재역, 도곡동, 타워팰리스, 대치동, 개포동, 일원역, 수서역, 가락동	1층(1st loor) 5A,11B
강남 COEX(Kal limousine)	리무진 고급	서울남부	임페리얼팰리스호텔, 라마다서울호텔, 코엑스인터컨티넨탈, 그랜드인터컨티넨탈, 강남 COEX	1층(1st Floor) 4B,11A
강남 역삼(Kal limousine)	리무진 고급	서울남부	팔레스호텔, 리츠칼튼호텔, 노보텔, 르네상스호텔, 강남 역삼	1층(1st Floor) 4B,11A
메리어트호텔(6040)	리무진 고급	서울남부	서래마을, 메리어트호텔	1층(1st Floor) 5A,11B
서초/교대(6016)	리무진 일반	서울남부	효사정앞, 흑석동, 이수교, 경문고교, 이수역(총신대입구), 사당역, 방배래미안타워, 임광아파트, 방배역, 서울고교, 서초사거리, 서울교육대, 남부터미널, 남부터미널	1층(1st Floor) 6B,13A
잠실(Kal limousine)	리무진 고급	서울남부	롯데월드, 동서울터미널, 광나루역, 쉐라톤워커힐호텔	1층(1st Floor) 4B,11A
천호동(6006)	리무진 일반	서울남부	삼성역, 종합운동장역, 신천역, 잠실(롯데월드), 몽촌토성역, 올림픽파크텔, 강동구청역, 천호역, 길동사거리, 둔촌역, 올림픽선수촌아파트, 잠실(롯데월드)	1층(1st Floor) 5A,11B
청담동(6010)	리무진 고급	서울남부	미성아파트, 압구정역, 갤러리아백화점, 프리마호텔, 리베라호텔, 청담동, 강남구청역, 학동사거리, 청담역	1층(1st Floor) 5A,11B
테헤란로(6020)	리무진 고급	서울남부	구반포, 신반포, 강남터미널, 삼호가든3차아파트, 삼풍아파트, 교대역, 진흥아파트, 강남역, 역삼역	1층(1st Floor) 5A,11B
남산(Kal limousine)	리무진 고급	서울북부	베스트웨스턴 서울가든호텔(마포역), 마포롯데시티호텔, 라마다호텔, 서울역, 힐튼호텔, 하얏트호텔, 소피텔호텔, 신라호텔, 약수역	1층(1st Floor) 4B,11A
노원(수락)	리무진 고급	서울북부	수락산역, 노일초등학교앞, 마들역, 노원역, 중계역, 하계역	1층(1st Floor) 3B,10A

홍콩 명품 아울렛으로 떠나는 **1박 3일 홍콩자유여행**

버스명	구분	지역구분	경유지	승차장 번호
도봉(성동)	리무진 고급	서울북부	김포공항, 응봉삼거리, 무학여고앞, 성동구청, 동대문구청, 경동시장, 고려대역, 홀리데이인성북, 미아삼거리역, 미아역, 수유역, 쌍문역, 도봉보건소, 도봉소방서, 도봉역, 수락터미널	1층(1st Floor) 3B,10A
명동(6001)	리무진 고급	서울북부	김포공항, 송정역, 등촌중학교(호텔그린월드), 강서보건소, 도시가스(염창동), 용산역, 삼각지역 숙대입구역, 서울역, 남대문시장, 이비스 호텔, 을지로입구역(서울로얄호텔), 을지로4가역(베스트웨스턴국도호텔), 아카시아호텔, 이스트게이트타워호텔, 토요코인, 충무로역(호텔PJ), 명동역(세종호텔)	1층(1st Floor) 6A,12B
명동(6015)	리무진 일반	서울북부	베스트웨스턴 서울가든호텔(마포역), 공덕역(롯데시티호텔), 아현동 주민센터 마포경찰서, 충정로역, 서울역, 남대문시장, 이비스엠버서더명동, 을지로입구역(서울로얄호텔), 을지로4가역(베스트웨스턴국도호텔), 충무로역, 명동역(세종호텔)	1층(1st Floor) 5B,12A
서울시청 (6005)	리무진 일반	서울북부	서정마을, 화전역, 덕은교, 수색기차역, 모래내(가좌역), 연희삼거리, 서대문구청, 그랜드힐튼호텔, 홍제역, 무악재, 독립문역, 서대문, 서대문바비엥스위트, 광화문, 시청, 프레이저플레이스호텔, 프레이저플레이스호텔	1층(1st Floor) 5B,12A
서울시청(Kal limousine)	리무진 고급	서울북부	서울프라자호텔, 롯데호텔, 웨스틴조선호텔, 코리아나호텔, 서소문KAL 빌딩, 베스트웨스턴 서울가든호텔(마포역)	1층(1st Floor) 4B, 11A
성북/월계 (6011)	리무진 일반	서울북부	월드컵경기장, (구)성산회관, 연세대학교, 이화여대후문, 경복궁역, 안국동, 창덕궁, 혜화역(성균관대학교), 한성대입구, 성신여대입구, 미아리고개, 길음뉴타운, 북서울 꿈의 숲, 롯데캐슬 루나아파트, 월계역(인덕대학)	1층(1st Floor) 5B,12A
은평(6012)	리무진 일반	서울북부	월드컵파크아파트, 상암DMC홍보관, 상암동 입구, 증산역, 새절역, 응암역, 역촌역, 불광역, 연신내역, 박석고개, 구파발역, 은평뉴타운 10단지	1층(1st Floor) 6B,13A

버스명	구분	지역구분	경유지	승차장 번호
용산역/서울역	리무진 고급	서울북부	용산역, 서울역	1층(1st Floor) 4A,10B
중랑(성북)	리무진 일반	서울북부	김포공항, 정릉, 길음역, 동덕여대, 태릉입구역, 먹골역, 중화역, 상봉역, 망우역	1층(1st Floor) 3B,10A
청량리(6002)	리무진 일반	서울북부	합정역, 호텔서교, 신촌역, 이대역, 아현역, 충정로역, 광화문역, 종로1가(종각역), 종로2가(YMCA), 종로3가, 종로4가, 종로6가(동대문시장), 동대문역, 신설동역, 청량리역, 서울시립대, 전농사거리, 신답역, 동대문구청, 신설동역	1층(1s Floor) 5B,12A
한남동(6030)	리무진 고급	서울북부	렉싱턴호텔, 국회의사당, 한국증권거래소, 63빌딩, 자이아파트(동부이촌동), 강촌아파트, 서빙고 신동아 아파트, 하이패리온, 한남동, 서울파트너스하우스, 이태원호텔, 해밀턴호텔, 크라운호텔, 캐피탈호텔	1층(1st Floor) 4A,10B
공항신도시(223)	시내버스	인천	하얏트호텔, 인천국제공항공사, 공항신도시, 도요공원마을, 공항전화국, 주공 10.12단지	1층(3rd Floor) 5,13
동인천(306)	시내버스	인천	서부공단, 누리아파트, 솔빛주공2차 APT, 송현시장, 동인천, 신포시장, 중구청, 인천역	1층(1st Floor) 2A,9A
송내역(302)	시내버스	인천	서부공단, 주물단지, 공촌4거리, 경남아파트, 계산3거리, 계산역, 계산고교, 중앙APT, 계양구청, 동보아파트, 태화, 한진APT, 부천체육관, 금강마을, 홈플러스, 하얀마을, 복사골문화센터, 송내역	1층(1st Floor) 2A,9A
십정동(111)	시내버스	인천	국립생물자원관, 서부공단, 주물단지, 서부공단입구, 공촌4거리, 경남아파트, 인천서부교육청, 공촌정수장, 부대앞, 교통연수원, 계산우체국, 계산역, 주공아파트, 그랜드마트, 계양경찰서, 뉴서울아파트, 신진아파트, 부평순복음교회, 삼산사거리, 갈산주공아파트, 대동아파트, 부평구청, 백마장입구, 부평중앙병원, 부평시장, 부평역, 부원중	1층(1st Floor) 2B,9B

홍콩 명품 아울렛으로 떠나는 1박 3일 홍콩자유여행

버스명	구분	지역구분	경유지	승차장 번호
			학교, 신촌다리, 현대아파트, 백운역, 부평삼거리역, 인천지하철공사, 간석오거리역, 동암사거리, 동암역, 십정초등학교, 십정고개, 선린감리교회, 십정사거리, 강인여객차고지	
십정동(303)	시내버스	인천	더 프라우 아파트, 해양경찰청, 투모로우시티, 인천카톨릭대학교, 송도컨벤시아, 해돋이공원, 풍림 2,3차 아파트, 송도금호어울림, 신송고등학교, 한진아파트, 동막역, 동춘역, 우성1차아파트, 연수경찰서, 대동아파트, 연수차아파트, 대우아파트, 신연수(풍림아파트), 경남아파트, 선학역, 선학동, 인명여고, 풍림아파트, 신세계백화점(인천터미널), 농수산물도매시장, 인천보훈지청, 남동공단입구, 길병원, 구월중학교, 간석 레미안/자이, 올리브아울렛, 간석오거리, 간석오거리역, 동암사거리, 동암역, 십정초등학교, 십정고개, 선린감리교회, 십정사거리, 강인여객차고지	1층(1st Floor) 2A,9A
영종선착장(222)	시내버스	인천	여객터미널, 잠진도, 거잠포, 여객터미널, 진등, 넙뒤, 운남, 전소, 영종선착장	3층(3rd Floor) 5
을왕리(302)	시내버스	인천	무의도 입구, 덕교동, 용유초교, 청량리, 선녀바위, 수산진흥청, 을왕리해수욕장	3층(3rd Floor) 2,13
을왕리(306)	시내버스	인천	무의도 입구, 덕교동, 용유초교, 덕교삼거리, 선녀바위, 수산진흥청, 을왕리해수욕장	3층(3rd Floor) 2,13
3200	시내버스	경기도	서정마을, 행신동, 행신초등학교, 샘터마을2단지, 행신동삼거리, 능곡역, 능곡초교, 허스아파트, 토당고가, 옥빛마을16단지, 고양경찰서, 화정역, 덕양구청, 단독주택단지, 은빛신성아파트, 화정1동주민센터, 고양어울림누리, 성사2동주민센터, 동양쇼핑, 원당래미안아파트	8A
광주(김포경유)	시외버스	경기도	김포공항, 사당역(우성APT), 과천청사, 경기도광주신터미널	1층(1st Floor) 7A

버스명	구분	지역구분	경유지	승차장 번호
광주 (송도경유)	시외버스	경기도	송도환승센터, 사당역(우성APT), 과천청사, 경기도광주신터미널	1층(1st Floor) 7A
김포(308)	시외버스	경기도	서부공단, 주물단지, 태평아파트, 경서동입구, 서인천고교, 검암, 경서동사무소, 서해아파트, 검암중학교, 백석초교, 백석고교, 탑스빌아파트, 당하지구, 고개마루, 동문아파트, LG아파트, LG 금호아파트, 창신초교, 경문학교, 유현마을, 신안, 삼용아파트, 풍무시장, 장릉입구, 김포시청, 김포고교, 북변터미널	1층(1st Floor) 8A
남양주 (광릉내)	시외버스	경기도	김포공항, 퇴계원초등학교, 내각리, 장현, 진접, 광릉내	1층(1st Floor) 8B
남양주 (마석)	시외버스	경기도	김포공항, 구리(롯데시네마), 도농, 금곡동(남양주), 평내, 마석	1층(1st Floor) 8B
동두천(7100)	시외버스	경기도	송추IC, 가능3동사무소, 의정부시청, 덕흥빌딩, 의정부역, 진로백화점, 양주시청, 덕정사거리, 덕계리, 유림관광호텔, 동두천터미널	1층(1st Floor) 8B
동탄 (김포경유)	시외버스	경기도	김포공항, 수원대, 병점(태안지구), 화성 삼성반도체, 기흥 삼성반도체, 동탄	1층(1st Floor) 7B
동탄 (송도경유)	시외버스	경기도	송도환승센터, 수원대, 병점(태안지구), 화성 삼성반도체, 기흥 삼성반도체, 동탄	1층(1st Floor) 7B
문산	리무진 일반	경기도	교하, 금촌역, 문산	1층(1st Floor) 8A
문산(5600)	시외버스	경기도	메디컬 트리플 타운, 교하 현대 1차 아파트, 금촌택지지구, 금촌역, 월롱역(LG필립스), 문산	1층(1st Floor) 8A
민락동(7200)	시외버스	경기도	송추IC, 가능3동사무소, 의정부시청, 덕흥빌딩, 의정부역, 민락동	1층(1st Floor) 8B
분당(오리역)(5400)	리무진 일반	경기도	서현역, 수내역, 정자역, 미금역, 오리역	1층(1st Floor) 8A
성남(신흥동)(5300)	리무진 일반	경기도	서현역, 이매역, 야탑역, 모란역, 성남(신흥동)	1층(1st Floor) 8A

홍콩 명품 아울렛으로 떠나는 1박 3일 홍콩자유여행

버스명	구분	지역구분	경유지	승차장 번호
수원	리무진 고급	경기도	한일타운, 라마다 프라자호텔, 수원 (캐슬호텔)	1층(1st Floor) 7B
안산	시외버스	경기도	원종동대로빌딩(부천), 소사역, 낙원예식장, 대야동가스공사앞, 월곶신도시입구, 모아APT, 영남1단지, 금강APT, 이마트, 시흥관광호텔, 안산역, 안산시외버스터미널	1층(1st Floor) 7B
안산 (김포경유)	리무진 일반	경기도	김포공항, 원종동대로빌딩(부천), 소사역, 낙원예식장, 대야동가스공사앞, 월곶신도시입구, 모아APT, 영남1단지, 금강APT, 이마트, 시흥관광호텔, 안산역, 안산시외버스터미널	1층(1st Floor) 7B
안성	시외버스	경기도	오산시외버스터미널, 송탄시외버스터미널, 평택시외버스터미널, 안성시 공도, 안정리, 중앙대 안성캠퍼스, 안성고속버스터미널	1층(1st Floor) 7B
안성 (김포경유)	시외버스	경기도	김포공항, 오산시외버스터미널, 송탄시외버스터미널, 평택시외버스터미널, 안성시 공도, 안정리, 중앙대 안성캠퍼스, 안성고속버스터미널	1층(1st Floor) 7B
안성 (발안)	시외버스	경기도	발안, 평택시외버스터미널, 안성시 공도, 안정리, 중앙대 안성캠퍼스, 안성고속버스터미널	1층(1st Floor) 7B
안성 (송도경유)	시외버스	경기도	송도환승센터, 오산시외버스터미널, 송탄시외버스터미널, 평택시외버스터미널, 안성시 공도, 안정리, 중앙대 안성캠퍼스, 안성고속버스터미널	1층(1st Floor) 7B
안양	리무진 고급	경기도	안양(범계), 안양역, 군포(산본)	1층(1st Floor) 7B
여주 (김포경유)	시외버스	경기도	김포공항, 동서울고속버스터미널, 여주시외버스터미널	1층(1st Floor) 7A
여주 (송도경유)	시외버스	경기도	송도환승센터, 동서울고속버스터미널, 여주시외버스터미널	1층(1st Floor) 7A
영통	시외버스	경기도	서수원터미널, 수원역, 수원시외터미널, 이비스 호텔, 영통(랜드마크호텔)	1층(1st Floor) 7B

버스명	구분	지역구분	경유지	승차장 번호
용인	시외버스	경기도	수지, 수지홈타운, 수지현대아파트, 지역난방공사, 보정역, 구갈연원마을, 구성삼거리, 구갈새롬골마을, 구갈세종리젠시빌, 구갈강남마을, 동백, 용인시외버스터미널	1층(1st Floor) 7A
원당 (7400)	시외버스	경기도	인천국제공항, 일산 KINTEX, 승리교회, 일산우방APT, 원당영양센터	1층(1st Floor) 8B
의정부 (7200)	시외버스	경기도	송추IC, 가능3동사무소, 의정부시청, 덕흥빌딩, 의정부역	1층(1st Floor) 8B
이천 (김포경유)	시외버스	경기도	김포공항, 동서울터미널, 도예촌 삼거리(이천), 이천시외버스터미널	1층(1st Floor) 7A
이천 (송도경유)	시외버스	경기도	송도환승센터, 동서울터미널, 도예촌 삼거리(이천), 이천시외버스터미널	1층(1st Floor) 7A
일동	시외버스	경기도	김포공항, 송우리, 포천(시외버스터미널), 일동	1층(1st Floor) 8A
일산 (3300)	시외버스	경기도	백석동, 백석역, 일미공원, 마두역, 일산동구청, 일산경찰서, 강선마을, 주엽역, 문촌마을, 일산백병원, 대화역, 대화동	1층(1st Floor) 8A
전곡 (7100)	리무진 일반	경기도	송추IC, 가능3동사무소, 의정부시청, 덕흥빌딩, 의정부역, 진로백화점, 양주시청, 덕정사거리, 덕계리, 유림관광호텔, 동두천터미널, 전곡	1층(1st Floor) 8B
평택	시외버스	경기도	오산시외버스터미널, 송탄시외버스터미널, 평택시외버스터미널	1층(1st Floor) 7B
평택 (김포경유)	시외버스	경기도	김포공항, 오산시외버스터미널, 송탄시외버스터미널, 평택시외버스터미널	1층(1st Floor) 7B
하남 (송도경유)	시외버스	경기도	송도환승센터, 길동, 하남, 덕소	1층(1st Floor) 8B
대전	리무진 일반	충청도	대덕롯데호텔(유성), 대전정부청사, 대전동부시외버스터미널	1층(1st Floor) 9D
대전 (심야)	리무진 일반	경기도	대덕롯데호텔(유성), 대전정부청사, 대전동부시외버스터미널	1층(1st Floor) 9D

홍콩 명품 아울렛으로 떠나는 1박 3일 홍콩자유여행

버스명	구분	지역구분	경유지	승차장 번호
대전 (심야우등)	리무진 고급	충청도	대덕롯데호텔(유성), 대전정부청사, 대전동부시외버스터미널	1층(1st Floor) 9D
대전 (우등)	리무진 고급	충청도	대덕롯데호텔(유성), 대전정부청사, 대전동부시외버스터미널	1층(1st Floor) 9D
서산/태안	시외버스	충청도	김포공항, 기지시, 당진시외버스터미널, 구룡, 운산, 운암, 음암, 서산시외버스터미널, 어송, 태안시외버스터미널	1층(1st Floor) 9D
아산 (김포경유)	시외버스	충청도	김포공항, 천안종합터미널, 아산온양고속버스터미널	1층(1st Floor) 9D
아산 (송도경유)	시외버스	충청도	송도환승센터, 천안종합터미널, 아산온양고속버스터미널	1층(1st Floor) 9D
천안 (김포경유)	시외버스	충청도	김포공항, 천안종합터미널	1층(1st Floor) 9D
천안 (송도경유)	시외버스	충청도	송도환승센터, 천안종합터미널	1층(1st Floor) 9D
청주 (송도경유)	시외버스	충청도	송도환승센터, 청주시외버스터미널	1층(1st Floor) 9D
청주 (심야)	시외버스	충청도	청주시외버스터미널	1층(1st Floor) 9D
충주	리무진 고급	충청도	동서울터미널, 충주시외버스터미널	1층(1st Floor) 9D
광주	리무진 고급	전라도	광주종합버스터미널	1층(1st Floor) 9C
광주 (송도경유)	리무진 고급	전라도	송도환승센터, 광주종합버스터미널	1층(1st Floor) 9C
광주 (심야)	리무진 고급	전라도	광주종합버스터미널	1층(1st Floor) 9C
군산	시외버스	전라도	송도환승센터, 대야, 군산	1층(1st Floor) 9C
동광양	리무진 고급	전라도	송도환승센터, 순천시외버스터미널, 광양시외버스터미널, 동광양	1층(1st Floor) 9C

버스명	구분	지역구분	경유지	승차장 번호
목포	리무진 고급	전라도	영광, 목포	1층(1st Floor) 9C
여수	리무진 고급	전라도	송도환승센터, 순천시외버스터미널, 여수	1층(1st Floor) 9C
전주 (코아호텔)	리무진 고급	전라도	김포공항, 익산IC, 전주역코아호텔	1층(1st Floor) 9C
경산/동대구	시외버스	경상도	구미, 동대구, 범물, 시지, 경산시외버스터미널	1층(1st Floor) 10C
경주/포항 (송도)	리무진 고급	경상도	송도환승센터, 경주시외버스터미널, 포항시외버스터미널	1층(1st Floor) 10C
경주/포항 (직행)	리무진 고급	경상도	경주시외버스터미널, 포항시외버스터미널	1층(1st Floor) 10C
동대구(고속버스터미널)	시외버스	경상도	송도환승센터, 김천, 동대구	1층(1st Floor) 10C
동대구 (구미)	시외버스	경상도	구미, 동대구	1층(1st Floor) 10C
동대구 (구미/심야)	시외버스	경상도	구미, 동대구	1층(1st Floor) 10C
동대구(김천)	시외버스	경상도	김천, 동대구	1층(1st Floor) 10C
동대구 (송도,구미)	시외버스	경상도	송도환승센터, 구미, 동대구	1층(1st Floor) 10C
마산/창원 (송도경유)	시외버스	경상도	송도환승센터, 마산, 창원	1층(1st Floor) 10C
마산/창원 (심야)	시외버스	경상도	송도환승센터, 마산, 창원	1층(1st Floor) 10C
마산/창원 (직통)	시외버스	경상도	마산, 창원	1층(1st Floor) 10C
마산/창원 (진주경유)	시외버스	경상도	진주, 마산, 창원	1층(1st Floor) 10C

홍콩 명품 아울렛으로 떠나는 1박 3일 홍콩자유여행

버스명	구분	지역구분	경유지	승차장 번호
부산	리무진 일반	경상도	부산종합(시외/고속)버스터미널	1층(1st Floor) 10C
부산 (송도경유)	리무진 일반	경상도	송도환승센터, 부산종합(시외/고속)버스터미널, 부산종합(시외/고속)버스터미널	1층(1st Floor) 10C
안동	시외버스	경상도	동서울고속버스터미널, 안동	1층(1st Floor) 10C
울산	리무진 고급	경상도	송도환승센터, 울산시외버스터미널	1층(1st Floor) 10C
강릉 (김포경유)	시외버스	강원도	김포공항, 강릉(시외버스터미널)	1층(1st Floor) 9C
강릉 (송도경유)	시외버스	강원도	송도환승센터, 강릉(시외버스터미널), 동해, 삼척	1층(1st Floor) 9C
원주	시외버스	강원도	김포공항, 문막정류장, 원주시외버스터미널	1층(1st Floor) 9C
춘천 (김포경유)	시외버스	강원도	김포공항, 청평시외버스터미널, 가평시외버스터미널, 춘천시외버스터미널	1층(1st Floor) 9C
춘천 (송도경유)	시외버스	강원도	송도환승센터, 김포공항, 청평시외버스터미널, 가평시외버스터미널, 춘천시외버스터미널	1층(1st Floor) 9C
태백 (김포경유)	시외버스	강원도	김포공항, 제천, 영월, 고한, 태백	1층(1st Floor) 9C
태백 (송도경유)	시외버스	강원도	송도환승센터, 제천, 영월, 고한, 태백	1층(1st Floor) 9C
홍천	리무진 일반	강원도	김포공항, 양평, 홍천	1층(1st Floor) 9C

부록5 | 기초 중국어 + 기초 영어 익히기

	영어	중국어	발음(영어/중국어)
아침	morning	早上 [zao shang]	모닝 / 조샹
일어나다	get up	起床 [qi chuang]	겟업 / 츠촹
손	hand	手 [shou]	핸드 / 소우
얼굴	face	臉 [lian]	훼이스 / 리안
씻다	wash	洗 [xi]	워시 / 시
양치질	brush teeth	刷牙 [shua ya]	브러쉬 티스 / 수와야
식탁	table	饭桌 [fan zhuo]	테이블 / 판쭈오
앉다	sit	坐 [zuo]	싯 / 쭈오
먹다	eat	吃 [chi]	잇 / 츠
텔레비전	television	电视 [dian shi]	텔레비전 / 띠엔스
보다	see	看 [kan]	씨 / 칸
라디오	radio	收音机 [shou yin ji]	레이디오우 / 쇼우인지
음악	music	音乐 [yin yue]	뮤직 / 인위에
듣다	hear	听到 [ting dao]	히어 / 팅따오
컴퓨터	computer	电脑 [dian nao]	컴퓨터 / 띠엔노
켜다	turn on	开开关 [kai kai guan]	턴온 / 카이카이꽌
이메일	email	伊妹儿 [yi meir]	이메일 / 이메얼
확인	check	检查 [jian cha]	체크 / 지엔차
가방	bag	提包 [ti bao]	백 / 티바오
들다	carry	拿 [na]	캐리 / 나
집	house	家里 [jia li]	하우스 / 지아리
나오다	leave	出来 [chu lai]	리브 / 출라이
버스	bus	公共汽车 [gong gong qi che]	버스 / 공공츠처
학교	school	学校 [xue xiao]	스쿨 / 슈에쇼
가다	go	去 [qu]	고우 / 취
친구	friend	朋友 [peng you]	후렌드 / 펑요
놀다	play	玩 [wan]	플레이 / 완
다시	again	再 [zai]	어게인 / 짜이
교실	classroom	课堂 [ke tang]	클래스룸 / 커탕
공부	study	学习 [xue xi]	스터디 / 수에시

	영어	중국어	발음(영어/중국어)
선생님	teacher	老师 [laoshi]	티쳐 / 로스
질문	question	提问 [ti wen]	퀘스천 / 티원
학생	student	学生 [xue sheng]	스튜던트 / 수에셩
대답	answer	回答 [hui da]	앤써 / 훼이따
영어	english	英语 [ying yu]	잉글리시 / 잉위
귀	ear	耳朵 [er duo]	이어 / 얼뚜오
수학	math	数学 [shu xue]	매쓰 / 수수에
계산	calculate	计算 [ji suan]	캘큐레이트 / 지수안
과학	science	科学 [ke xue]	사이언스 / 커수에
실험	experiment	实验 [shi yan]	엑스페리먼트 / 스얀
일본어	Japanese	日语 [ri yu]	제페니즈 / 르위
입	mouth	口 [kou]	마우스 / 코우
말하기	talk	说 [shuo]	토크 / 수오
중국어	Chinese	汉语 [han yu]	차이니즈 / 한위
이해	understand	了解 [liao jie]	언더스탠드 / 료지에
사회	society	社会 [she hui]	서사이어티 / 셔후이
생각하다	think	思量 [si liang]	씽크 / 시리앙
경제	economy	经济 [jing ji]	이코노미 / 징즈
정보	information	情报 [qing bao]	인포메이션 / 칭바오
얻기	gain	得到 [de dao]	게인 / 더따오
식당	restaurant	餐厅 [can ting]	레스토랑 / 찬팅
수저	spoon	勺子 [shao zi]	스푼 / 샤오즈
젓가락	chopsticks	筷子 [kuai zi]	챕스틱 / 쿠와이즈
밥그릇	bowl	饭碗 [fan wan]	보울 / 판완
찾다	search	找 [zhao]	서치 / 자오
계란	egg	鸡蛋 [ji dan]	에그 / 지단
노란	yellow	黄 [huang]	옐로우 / 황
색	color	颜色 [yan se]	컬러 / 옌써
맵다	hot	辣 [la]	핫 / 라
빨간	red	红 [hong]	레드 / 홍
오이	cucumber	黄瓜 [huang gua]	큐컴버 / 황구와
초록	green	绿 [lu]	그린 / 뤼

	영어	중국어	발음(영어/중국어)
설탕	sugar	白糖 [bai tang]	슈거 / 바이탕
하얗다	white	白 [bai]	화이트 / 바이
간장	soy sauce	酱油 [jian you]	소이소스 / 쟝요우
검다	black	黑 [hei]	블랙 / 헤이
후추	pepper	胡椒 [hu jiao]	페퍼 / 후지아오
소금	salt	盐 [yan]	설트 / 얀
회색	gray	灰 [hui]	그레이 / 후이
생선	fish	鱼 [yu]	피쉬 / 위
양파	onion	洋葱 [yang cong]	오니언 / 양총
마늘	garlic	大蒜 [da suan]	가릭 / 따수완
생강	ginger	姜 [jiang]	진저 / 지앙
섞다	mix	混合 [hun he]	믹스 / 훈허
요리	cooking	菜 [cai]	쿠킹 / 차이
외국	abroad	外国 [wai guo]	어브로드 / 와이구오
여행	trip	旅游 [lu you]	트립 / 뤼요우
화장실	toilet	卫生间 [wei sheng jian]	토일릿 / 웨이성지엔
호텔	hotel	大酒店 [da jiu dian]	호텔 / 따쥬디엔
택시	taxi	出租汽车 [chu zu qi che]	택시 / 취쭈치처
안심하다	relief	放心 [fang xin]	릴리프 / 팡신
지하철	subway	地铁 [di tie]	서브웨이 / 디티에
지도	map	地图 [di tu]	맵 / 디투
걷기	walk	走 [zou]	워크 / 조우
카메라	camera	照相机 [zhao xiang ji]	캐머러 / 조우샹지
핸드폰	cellular phone	手机 [shou ji]	셀루러폰 / 소우지
햄버거	hamburger	汉堡 [han bao]	햄버거 / 한바오
피자	pizza	皮条饼 [pi za bing]	피자 / 피자빙
기념품	souvenir	纪念品 [ji nian pin]	수베니어 / 지니엔핀
사다	buy	买 [mai]	바이 / 마이
사진	photo	相片 [xiang pian]	포토 / 샹피엔
찍다	shoot	摄 [she]	슈트 / 서
공항	airport	机场 [ji chang]	에어포트 / 지창
비행기	airplane	飞机 [fei ji]	에어플레인 / 페이지

홍콩 명품 아울렛으로 떠나는 1박 3일 홍콩자유여행

	영어	중국어	발음(영어/중국어)
기차	train	火车 [huo che]	트레인 / 훠처
추억	memory	回忆 [hui yi]	메모리 / 훼이이
거리	street	街道 [jie dao]	스트리트 / 지에따오
풍경	scenery	风光 [feng guang]	씨너리 / 펑꽝
시장	market	市场 [shi chang]	마켓 / 스창
즐기다	enjoy	爱好 [ai hao]	엔조이 / 아이하오
과자	cookie	点心 [dian xin]	쿠키 / 띠엔신
달다	sweet	甜 [tian]	스위트 / 티엔
식초	vinegar	醋 [cu]	비니거 / 추
시다	sour	酸 [suan]	사우어 / 수안
빵	bread	面包 [mian bao]	브레드 / 미엔바오
맛있다	delicious	好吃 [hao chi]	딜리셔스 / 하오츠
커피	coffee	咖啡 [ka fei]	커피 / 카훼이
향기	scent	香 [xiang]	센트 / 샹
닭	chicken	鸡 [ji]	치킨 / 지
오리	duck	鸭子 [ya zi]	덕 / 야즈
쇠고기	beef	牛肉 [niu rou]	비프 / 니우로우
돼지고기	pork	猪肉 [zhu rou]	포크 / 쭈로우
충분하다	enough	充足 [chong zu]	이너프 / 충쭈
맥주	beer	啤酒 [pi jiu]	비어 / 피지우
조금	little	一点 [yi dian]	리틀 / 이띠엔
술	liquor	酒 [jiu]	리쿼 / 지우
신선하다	fresh	新鲜 [xin xian]	후레시 / 신시엔
새우	shrimp	虾(子) [xia(zi)]	쉐림프 / 시아(즈)
찌다	steam	蒸 [zheng]	스팀 / 쩡
고기	meat	肉 [rou]	미트 / 로우
튀기다	fry	炸 [zha]	후라이 / 짜
굽다	roast	烤 [kao]	로우스트 / 카오
볶다	parch	炒 [chao]	파취 / 차오
삶다	boil	煮 [zhu]	보일 / 쥐
파티	party	宴会 [yan hui]	파티 / 옌후이

| 부록6 | 기초 영어 쇼핑 회화 익히기

이 단락에서는 영어회화를 배우자. 홍콩에서는 영어로 의사소통이 가능하므로 쇼핑에 필요한 기초 영어회화를 통해 보다 재미있는 추억을 만들어 보도록 하자.

문장	영어(발음)
많이 내린 가격	slashed price(슬래시트 프라이스)
더 이상 내릴 가격이 없다	marked down price(마크트 다운 프라이스)
가격 태그	Price Tag(프라이스 테그)
깨끗하게 치운다	clearance sale(클리어런스 세일)
무조건 가격	fixed price(휙스트 프라이스)
이사 가면서 팔 물건들 싸게 내놓는다	moving sale(무빙 세일)
하나를 사면 또 하나를 준다	buy one get two(바이 원 겟 투) 또는 one for two(원 포 투)
요금이 얼마야?	How much the fare(하우머치 더훼어)
며칠 있을까?	How long stay?(하우롱 스테이)
여행지는 어디가 좋을까?	Which place is good to go(윗치 플레이스 이즈 굳 투 고)
경비를 절약하는 방법은 없을까?	How to save the money(하우투 세이브더 머니)
그래? 아쉽지만 어쩔 수 없지.	It's pity that you can't.(잇츠 피티댓 유캔트)
그래! 바로 이거다!	That's it(댓츠잇)
어디 가세요?	Where do you go?(웨어두유고)
어떠랴?	What's matter(왓츠 맬터)
이거 얼마에요?	How much this(하우머치 디스)
비싼데, 깎아줘요.	Expensive, discount, please(익스펜시브, 디스카운트 플리즈)
이 카메라는 중고에요?	This camera is second-handed(디스 캐머러 이즈 세컨핸디드)
이 물건 파는 가게가 어디 있나요?	Where can I buy This(웨어 캔아이 바이 디스)
어디로 가야해요?	Where to go(웨어투고우)
아, 우회전해서 직진이요?	Turn right & go straight(턴롸잇 앤 고우 스트레잇)
아, 이거 맛있다.	This is delicious(디스이즈 딜리셔스)
한국인이니?	Are you Korean(아유 코리언)

홍콩 명품 아울렛으로 떠나는 1박 3일 홍콩자유여행

문장	영어(발음)
어디 사니?	Where do you live in(웨어 두유립인)
휴가 왔어요.	I am on vacation(아이엠 온 버케이션)
맛있니?	You taste it(유 테이스트 잇)
안녕히 계세요.	Good bye(굳바이)
다음에 또 올게요.	See you again(씨유어게인)
오늘 밤은 어디에서 묶지?	Where do we stay in tonight(웨어 두위 스테이 인 투나잇)
호텔 아는데 있어?	Do you know any hotel(두유노우 애니호텔)
방 있어요?	Any room available(에니룸 어베일러블)
침대 두 개 있는 방으로 주세요.	Get the twin room(겟더 트윈룸)
밥 해먹을까?	Make the dish(메익더 디쉬)
찾았다!	I found it(아이 파운드 잇)
조심하고, 서울에 가서 다시 보자.	Be care! See you again in Seoul(비캐어 씨유어게 인 인서울)
즐거운 여행이 되기를.	Have a nice trip(햅어 나이스 트립)

■ (주)고려원북스 는 우리들의 가슴속에 영원히 남을 지혜가 넘치는 좋은 책을 만들겠습니다.

홍콩 명품 아울렛으로 떠나는
1박 3일 홍콩자유여행

초판 1쇄 | 2011년 3월 2일

지은이 | 이영호
펴낸이 | 이용배
펴낸곳 | (주)고려원북스
편집주간 | 설응도

마케팅 | 이종진
책임편집 | 김부영
판매처 | (주)북스컴, Bookscom., Inc.

출판등록 | 2004년 5월 6일(제16-3336호)
주소 | 서울 광진구 능동 279-3번지 길송빌딩 7층
전화번호 | 02-466-1207
팩스번호 | 02-466-1301
e-mail | koreaonebook@naver.com

copyright ⓒ Koreaonebooks, Inc., 2011, printed in Korea
이 책의 저작권은 저자와 출판사에 있습니다. 서면에 의한 저자와 출판사의
허락 없이 책의 전부 또는 일부 내용을 사용할 수 없습니다.

ISBN 978-89-94543-24-6 13980

잘못 만들어진 책은 구입처나 본사에서 교환해 드립니다.